T0367876

Lo Que Mis
Hijos Esperan
Ver En Mi

El Concepto Que Los Hijos Tienen De Sus Padres

JOSE A. RAMIREZ

WESTBOW°
PRESS
A DIVISION OF THOMAS NELSON
& ZONDERVAN

El texto Bíblico indicado con «RV» ha sido tomado de la versión Reina-Valera © 1960 Sociedades Bíblicas en América Latina; © renovado 1988 Sociedades Bíblicas Unidas. Utilizado con permiso. Reina-Valera 1960™ es una marca registrada de la American Bible Society, y puede ser usada solamente bajo licencia.

Las citas bíblicas indicadas con «LBLA» son tomadas de LA BIBLIA DE LAS AMERICAS © Copyright 1986, 1995, 1997 by The Lockman Foundation Usadas con permiso.

Puede hacer pedidos de libros de WestBow Press en librerías o poniéndose en contacto con:

WestBow Press
A Division of Thomas Nelson & Zondervan
1663 Liberty Drive
Bloomington, IN 47403
www.westbowpress.com
1-(866)-928-1240

ISBN: 978-1-4908-5025-2 (tapa blanda)
ISBN: 978-1-4908-5024-5 (tapa dura)
ISBN: 978-1-4908-5026-9 (libro electrónico)
Numero de la Libreria del Congreso: 2014915811

Las personas que aparecen en las imágenes de archivo proporcionadas por Thinkstock son modelos. Este tipo de imágenes se utilizan únicamente con fines ilustrativos. Ciertas imágenes de archivo © Thinkstock.

Impreso en los Estados Unidos de América.

Fecha de revisión de WestBow Press: 9/15/2014

Contenido

Dedicatoria

Dedicatoria

Dedico este libro a todos aquellos que han sido y son una inspiración para mí con su ejemplo amor y dedicación. A ustedes que son y forman parte de mi vida.

Comienzo con mis padres quienes, a pesar de todo lo que pasaron, han sabido vencer cada uno de los obstáculos que se cruzan en su camino, para así mantenerse juntos hasta el día de hoy. ¡Ya son casi 50 años de feliz matrimonio! Son un ejemplo de amor, perseverancia y fe en Dios. Los amo con todo mi corazón Dios los bendiga y me los deje muchos años más.

A mi amada esposa María quien, con su amor y dedicación, me has inspirado para seguir adelante en este proyecto que era un sueño para mí: «Gracias por el cuidado del hogar, me has inspirado para seguir cada día construyendo un hogar feliz. Gracias por darme esos hijos hermosos que son mi más grande tesoro. Gracias por apoyarme en cada uno de mis proyectos, eres una gran mujer y una ayuda idónea».

A todos mis hermanos en carne, los amo con todo mi corazón. Ustedes con su ejemplo como padres y esposos me han inspirado. Porque mantienen cada uno su hogar y su familia unida. Sigan cada día brindando más dedicación y amor ya que eso motiva e inspira.

A todos mis amigos que me han brindado su amistad y a todos ustedes que son un ejemplo para las nuevas generaciones, en su trato el uno con el otro como padres y esposos. Es una gran bendición tener como amigos a gente que demuestra que si se puede vivir bien como matrimonio.

También a ti que has comprado este libro, demostrando así que te importa tu familia.

Pido a Dios que este libro que ahora tienes en tus manos te ayude a conseguir tu objetivo de ser un buen padre y esposo-a y, finalmente, puedas edificar un hogar donde reine la paz, la armonía y el amor.

José Ángel Ramírez

Introducción

Introducción

¿Alguna vez te has preguntado qué es lo que tus hijos piensan de ti?

¿Te has preguntado cual es el concepto que ellos tienen de sus padres?

¿Te importaría saber la idea que ellos puedan tener de ti?

¿Te interesaría saber la opinión de ellos hacia ti?

Es mi anhelo que, con estas preguntas, se despierte en ti el deseo de inquirir en este asunto:

«Lo que mis hijos esperan ver en mi»

Creo que este es uno de los principales problemas entre padres e hijos… el poco o casi nada de interés por parte de sus progenitores sobre lo que sus hijos pueden estar pensando en lo relacionado con mi carácter, mi trato con ellos, mi papel de esposo y mi papel de padre.

Quiero decirte que, cuando comencé a escribir este libro, empecé a hacer estas mismas preguntas que acabas de leer, entre mis amistades. La mayoría, por no decir «todos», me dieron la misma respuesta.

La primera pregunta que les hacía era esta: ¿Tú sabes lo que tus hijos piensan de ti? ¿Te has preguntado alguna vez que concepto tienen ellos de ti? Y La última pregunta era: ¿Te importa lo que tus hijos piensen de ti?

En las primeras dos preguntas todos contestaron que no sabían lo que sus hijos pensaban de ellos. La mayoría nunca había pensado en ello. Pero, en la tercera pregunta, ahí sí, las respuestas estuvieron divididas. Algunos dijeron que si les importaban lo que sus hijos pudieran pensar de ellos. Otros solo dijeron que les daba lo mismo. Y los últimos dijeron que no les importaba saber lo que sus hijos piensen de ellos.

Ahora que has comenzado a leer este libro, me gustaría que te hicieras estas preguntas:

¿Qué crees tú que tus hijos han visto en ti, que no les agrada?

¿Qué crees que a ellos (tus hijos) les gustaría ver en ti?

¿Crees que el concepto que ellos tienen de ti es bueno o malo?

Un día escuché a uno de los trabajadores de una fundación que trabaja con niños decir lo siguiente: «Cada día están siendo asesinados muchos niños.» Alguien le pregunto: ¿Quién los está asesinando? Él, respondió: Ese asesino es «la indiferencia», la poca o casi nada de atención que los niños reciben de sus progenitores. Él continuó diciendo; cuando se acaba el amor, se acaba la familia y, cuando se acaba la familia, llegan las calles. Por desgracia, ya hay muchos niños en las calles, ya no necesitamos más.

La Biblia dice «**porque si alguno no provee para los suyos, y mayor mente para los de su casa, ha negado la fe, y es peor que un incrédulo.**» (**1ra de Timoteo 5:8**) RV.

Creo que cuando la Biblia nos habla de proveer o provisión se refiere a algo que tiene que ver con la necesidad de suplir, todas y cada una, de las necesidades básicas del hogar. Y esta tarea le corresponde al líder o cabeza de hogar.

La palabra proveer, según el diccionario pequeño Larousse ilustrado, significa: preparar, disponer, o reunir las cosas necesarias para un fin. Suministrar o aprovisionar de lo necesario o conveniente para un fin.

Ahora analice la palabra proveedor, la cual significa persona o empresa, encargada de proveer suministrar.

Si es la tarea del hombre la de proveer para los suyos, los de su casa, es también la tarea del hombre de la casa (el papá), el prepararse, disponerse y reunir las cosas necesarias para que logre ese fin.

En un hogar son muchas las necesidades que hay. Una familia tiene diferentes necesidades.

Por esa razón una familia necesita diferentes tipos de provisión. Por ejemplo, la necesidad de un padre que vele por las necesidades de su familia. La necesidad de un buen líder que tome el timón de ese barco llamado hogar. Y que con sabiduría pueda conducirlo a un puerto seguro. La necesidad de un buen maestro que sea capaz de enseñar a sus hijos, todos, lo que ellos deben saber para enfrentar los desafíos de la vida, en una forma más amena.

Y así sucesivamente la familia tiene sus necesidades que al padre le corresponde enfrentar o suplir... proveer!

Lo cierto es que muchos padres, en vez de ser unos proveedores, son unos verdaderos abusadores, o desobligados que se hacen de la vista gorda y, en vez de proveer, son una carga para la familia.

Otros optan por la retirada. Quiero decir; que prefieren huir y abandonar a sus hijos en vez de quedarse y cumplir con su deber de proveer, proteger y suplir, para las necesidades de ese hogar que tanto necesita de papá y mamá.

La Biblia nos aclara esto: «**no deben atesorar los hijos para los padres, si no, los padres para los hijos.**» (**2da de corintios 12:14**) RV.

Es triste ver como, en muchos países, los niños están siendo explotados en diversas maneras por sus propios padres, quienes en vez de proveerles lo que como niños necesitan, son los niños los que terminan supliéndoles a sus padres sus necesidades.

Claro que a estas «necesidades» bien pudiéramos llamarles «necedades». Por la razón de que la mayoría de padres explotadores utilizan el dinero que sus hijos reúnen en sus vicios y no en comida o cosas básicas del hogar. La Biblia continúa diciendo: « **¿Por qué gastas tu dinero en lo que no es pan, y tu trabajo en lo que no sacia?**» (Isaías 55:2) RV.

No pienso extenderme más en este asunto del abuso infantil, porque en este solo tema existe mucho material suficiente como para escribir varios libros.

Es mi intención, a través de este libro, poder mandar un mensaje a todos los padres y decirles que cuidemos el tesoro más preciado que Dios ha puesto en nuestras manos, con el propósito de que cuidemos muy bien de él.

Es mi deseo que tú que estás leyendo no seas un abusador en ninguna manera, si no que te atrevas a cumplir con la tarea de llevar acabo tu responsabilidad, tal y como debe de ser según nos explica la palabra de Dios en 1ra de Timoteo 5:8, Dios nos ha confiado la familia pensando en que seriamos unos buenos administradores. **«Ahora bien, se requiere de los administradores que cada uno sea hallado fiel.»** (1ra Corintios 4:2) RV.

La familia es un regalo de Dios. «He aquí herencia de Jehová son los hijos; cosa de estima el fruto del vientre» (Salmo 127:3) RV

Él confía en que sabremos cuidar muy bien de ellos: « **Ustedes siendo malos saben dar, buenas dádivas a vuestros hijos.»** (**Mateo 7:11**) RV.

Por todo esto quiero pedirte que tomes muy en serio lo que aquí estarás leyendo. Dios ya nos dio la capacidad de ser buenos padres. Solo basta con que nos dispongamos para lograrlo. Aquí aprenderás principios muy sencillos que te ayudarán a ser el padre que todo hijo quiere tener.

Capítulo 1

Un padre que de verdad sepa lo que implica ser papá

Un padre que de verdad sepa lo que implica ser papá

Un verdadero padre… ¿Cómo se es un buen padre? ¿Dónde puedo aprender a serlo?

¿Cómo saber si en verdad lo soy? ¿Basta con proveer el sustento para mis hijos para ser un buen padre? ¿Por qué nadie me ha enseñado sobre el tema?

La verdad es que nadie ha sido enseñado para ser padre, hasta el día de hoy yo no he conocido de ninguna escuela que trate el asunto de cómo ser unos buenos padres, aunque en mi opinión personal debería haberlas.

Si hay estudios sobre educación sexual, consejería matrimonial y tanta promoción al sexo ilícito, ¿por qué no hay una escuela que enseñe sobre la verdadera paternidad y maternidad? Si existe -disculpe mi ignorancia por no estar enterado- hay que promocionarlas más.

Quiero aclarar que al estar escribiendo sobre este tema no significa, en ninguna manera, que yo sea el padre perfecto. Significa que soy un padre que se ha dado cuenta de lo que está sucediendo alrededor de mí. Es decir; me he dado cuenta de que existe mucha indiferencia, niños desatendidos... y falta de comunicación entre padres e hijos.

Yo he decidido hacer mi parte, yo he tomado la decisión de luchar por mis hijos, por mi esposa, por mi hogar, por mi familia. Tampoco es mi intención criticar a ningún padre por la forma de desempeñar su función de padre, porque al final de cuentas se trata de su propia familia. Solo deseo despertar el interés de muchos padres y motivarlos para que piensen un poco en sus hijos.

A propósito... ¿los abrazaste hoy?, ¿les has dado un beso hoy?, ¿les has dicho cuanto los quieres en este día? No pretendo enseñarte lo que es o lo que significa la palabra padre, porque eso todo mundo lo sabe muy bien, porque aun el diccionario mismo describe esta frase como «alguien que engendra hijos», dícese de un animal o de una persona.

Creo que esa función todos la cumplimos muy bien, porque engendrar no tiene ningún trabajo. Pero mi deseo más que mi intención es que, a través de este libro, logre hacerte pensar y recapacitar sobre el hecho de que el ser padre va más allá del simple hecho de engendrarlos. Creo sinceramente que la gran mayoría, cuando llegamos al matrimonio, tenemos poca o ninguna idea sobre lo que verdaderamente significa ser padre o madre.

Es por eso que creo, sin temor a equivocarme, que la mayoría de los padres hemos cometido errores y, en algunos casos, horrores con nuestros hijos. ¿Por qué? Yo creo que esto se debe a que la gran mayoría de personas que están pensando en un hogar, siempre piensan en un hogar modelo con una buena pareja, con unos hijos hermosos, rodeados de mucho amor. Ese es el sueño y la expectativa de muchos, o me atrevería a decir que de la gran mayoría. Todos solo pensamos en lo que esperamos tener o en lo que nos gustaría tener: una buena esposa que me ame y me respete, que cuide de mis hijos y que tenga la casa bien atendida. Pero... que también le ayude al esposo a trabajar y unos dos o tres hijos que sean sanos, buenos estudiantes, y que sean respetuosos con sus padres. ¡Todo el mundo quiere eso! La gran mayoría sueña con un hogar así, pero han ignorado o tal vez lo que no han querido investigar es el precio que cada padre que anhele tener un hogar así debe de pagar.

¡Muchos son los padres que queremos un hogar así! Pero, ¿cuantos somos los padres que estamos dispuestos a pagar el precio que un hogar así puede costar? ¿Alguna vez te has puesto a pensar en el precio que un hogar feliz puede tener? ¿Te gustaría saberlo? Ahora, después de saberlo ¿estarías dispuesto a pagarlo?

¿Cuál será la razón por la que muchos padres huyen fuera de sus casas antes de ver un hogar feliz? ¿Por qué será que muchos padres después de saber el precio salen huyendo como unos cobardes? ¿Estás dispuesto tú, apagar el precio que sea necesario, hasta conseguir un hogar feliz? Si tu respuesta es sí, sigue leyendo que a continuación estaré hablando de ese precio que muchos padres egoístas se han negado a pagar.

Cuando tú pagas el importe de aquello que tanto quieres y deseas, tienes todo el derecho de disfrutar de ello, por qué has pagado el precio. Si tú sueñas con disfrutar de un hogar feliz te invito a pagar el precio que cuesta. ¡Tu Familia te lo agradecerá y tú lo disfrutaras al máximo!

El precio que muchos padres se han negado a pagar...

Cuando hablo de un precio estoy hablando de algo que cuesta, de algo que no es gratis, ni fácil. En el Evangelio de San Juan 10:10 (RV) se explica que el ladrón no viene sino para hurtar, matar, y destruir. El ladrón, como todos ya lo sabemos, se refiere a Satanás (el diablo), quiero decir que cuando dice que ha venido a hurtar, matar, y destruir, quiere decir que el plan maestro de Satanás es el de destruir todas las familias de la tierra. Por lo tanto, el blanco favorito de Satanás es la familia.

Por eso; debes de creerme si te digo que en estos precisos momentos todas las armas habidas y por haber de Satanás están apuntando hacia muchos hogares. Su deseo es el de robar y destruir la familia, la inocencia de tus hijos, la paz en el hogar, la confianza en la pareja, etc. Él sabe muy bien que cuando logra desintegrar la familia, él se anota una gran victoria. Lo triste es que, en muchos de los casos, hay hogares que no le presentan ningún tipo de batalla, más bien le son entregados fácilmente al enemigo, por padres que no están dispuestos a pagar el precio de un hogar feliz.

Son padres a los que no les importa ceder el control de su hogar al ladrón.

Por eso, en muchas ocasiones el enemigo no tiene que robar nada, porque todo le es entregado voluntariamente, por padres que en vez de defenderlo lo abandonan a su suerte. Cuando digo que se entrega voluntariamente, me estoy refiriendo por supuesto al hecho de que el padre, cabeza del hogar, no sabe, no quiere, o no está dispuesto a defender a la familia que Dios ha puesto en sus manos para que cuide de ella. El Salmo 127:3 (RV) dice «Herencia de Jehová son los hijos.»

Yo creo que cuando Dios nos concede el hermoso privilegio de ser padres, él lo hace confiando en que sabremos cuidar bien de ellos. Pero es triste saber que la gran mayoría de divorcios en todo el mundo se deben a que los padres no estuvieron dispuestos a pagar el precio de pelearle al enemigo sus hijos... tu hogar! A ellos se les hizo más fácil correr como unos cobardes, en vez de quedarse a enfrentar al enemigo y pelear la buena batalla, con el fin de lograr un hogar feliz.

Tal vez en estos precisos momentos tú estés pasando por alguna situación difícil en tu hogar y te encuentras confundido por los problemas que se han suscitado. Antes de que corras a tratar de solucionarlos quiero hacerte unas preguntas, por ejemplo, ¿quién es el que ha comenzado la obra de destruir tu hogar?

Espero que no hayas comenzado a señalar a tu conyugue, porque ninguno de los dos son los verdaderos interesados en destruir el hogar. Ambos desean un hogar feliz.

Quien ha comenzado esa obra de destrucción es el mismo diablo, solo que él utiliza conflictos entre la pareja para lograrlo, ya que ese plan le sigue dando muy buenos resultados hasta el día de hoy. Por eso, presta atención a lo que voy a decirte:

Si eres alguien que tiene problemas matrimoniales y has pensado en dejar a tu familia o divorciarte, quiero pedirte que lo pienses muy bien, porque tal vez estás apunto de entregar a tu familia en las manos del destruidor de hogares (Satanás). Si estás en esa situación, mejor tómate el tiempo para reflexionar y sigue leyendo. No le cedas al enemigo lo más valioso que tienes en esta vida: tu familia. ¡Pelea por ella! Todos los grandes triunfos en la historia se lograron después de haber primero sostenido una gran batalla.

Todo lo valioso en este mundo tiene un precio. Un hogar feliz no es para cobardes, hay que luchar por él. La grandeza de un hombre no radica en haber conquistado el mundo, si no en haber sabido defender su casa. Quien ha llenado los bancos del mundo, pero ha dejado vaciar su casa, sigue siendo un pobre miserable. Conviértete en el Rambo de tu casa, rescata a tus hijos de las garras del enemigo.

Hay una misión más importante que llegar a ser importante, y es pelear por los míos.

Si llego a morir con cuentas de banco vacías pero con una casa llena, me iré de este mundo feliz y contento, sintiéndome el hombre más rico del mundo. Porque logré un hogar, porque mantuve una casa llena con mis hijos, mi esposa, sonrisas, abrazos, besos, halagos, cumplidos, sollozos, pero más que todo, a Dios en él.

La gran mayoría de padres provenientes de América Latina crecimos bajo una cultura machista, egoísta, frívola y sin afecto; sin querer atreverse a demostrar sus verdaderos sentimientos, por temor al qué dirán. Esto es más común en los padres varones porque existía la creencia tonta de que el verdadero hombre tenía que ser duro, controlador, sin sentimientos, que no lloraba ni sentía miedo ante nada, quien siempre mostraba una aparente serenidad, queriendo dar la impresión de que todo estaba bien, aunque la casa se le estuviera cayendo encima y él se estuviera muriendo por dentro. Esta actitud solo describe al macho pero nunca al verdadero hombre.

¡Qué equivocados están los que todavía creen, piensan, o actúan de esa manera!

Ante una situación como esta, nuestros padres no tenían que ser cariñosos con sus hijos, porque se pensaba tontamente que eso le correspondía a la mujer, se creía que era una actitud femenina. Por esa razón, el padre no podía o no se sentía con la confianza de abrazar o besar a su hijo varón, porque luego pensarían que era una actitud homosexual. Era el temor al qué dirán... tampoco podían darse el lujo de abrasar, besar o acariciar a su esposa, delante de sus hijos o de los amigos. Porque eso era catalogado como una actitud débil, que no concordaba para nada con la actitud del típico macho mexicano.

Corría el riesgo de que se le tachara como mandilón, aquel quien es dominado por la esposa. Es a esto a lo que yo me refiero cuando hablo del precio que muchos padres se han negado a pagar. Estos son padres que sintieron ganas de abrazar, besar, o acariciar a sus hijos o esposa. O tal vez decirles algún te amo, te quiero... pero no lo hicieron por miedo a lo que pudieran decir los amigos, la gente, o por temor a perder la «hombría» que tanto presumen. Prefirieron aguantarse, callarse y tragarse esas palabras de amor o que demostraban cariño. Es por eso que hay tanto padre frustrado, con un sentimiento de culpa dentro de ellos. Padres a los cuales el remordimiento los está matando.

Pero son padres tercos y aferrados a una tradición maldita, en la cual prefieren morir que decir con su boca o expresar lo que verdaderamente sienten por su familia. Porque la gran mayoría prestó mayor atención a lo que decían sus amigos, la cultura o la sociedad, que a lo que decían o pensaban sus propios hijos. Es por esa razón que hoy en día se ven a niñas de 14, 15 y 16 años teniendo relaciones sexuales con hombres mayores que ellas, porque están buscando en esos hombres las caricias y el cariño que sus padres no les dieron (eso era el trabajo de mamá pensaba el).

¡Cuánto se han equivocado en esto algunos padres!

Y es exactamente lo mismo en el caso de los niños que vemos en las calles, que en su gran mayoría provienen de hogares destruidos en los que nunca se les prestó atención. Muchos de ellos son niños que fueron maltratados y abusados física, sicológica y sexualmente. Fueron padres egoístas que solo se preocuparon por ellos mismos y no les importó hacer sufrir a sus propios hijos, con tal de lograr sus propósitos… que muchas veces consisten en conseguir drogas o el pasar por soltero. Es triste ver a padres de familia más preocupados por lo que dice el de afuera que por lo que puedan pensar sus hijos, con los cuales viven y son parte de su vida. Son padres egoístas y cobardes que solo piensan en ellos, sin importarles para nada las demás personas que están a su lado.

Se les olvida que tanto sus hijos como la esposa no son unos objetos más de su propiedad. Se les olvida que son seres humanos que piensan, que tienen sentimientos y que fácilmente podemos herirlos si no tienen cuidado. Esta manera de proceder es similar en todos los niveles: religioso, social, cultural, o académico. Son muy pocos los padres de todos los estratos que verdaderamente prestan más atención a las necesidades de sus hijos que a sus amigos.

Les daré algunos ejemplos de las excusas que los padres ponen para no atender las necesidades de sus hijos.

El acaudalado no presta atención a sus hijos porque siempre está muy ocupado en sus

negocios. A este tipo de personas se les olvida que el negocio más gratificante y que proporciona más dividendos no es el que se hace fuera de casa, si no el que se hace dentro de ella.

El padre que es muy religioso nunca tiene tiempo para sus hijos porque está muy ocupado en negocios de la iglesia. A este tipo de personas se les olvida que parte de la religión es «el amar a tu prójimo como a ti mismo» y tu esposa e hijos necesitan tanto amor como lo necesitan tu prójimo.

¡Tú no puedes tener más tiempo (amor) por tu prójimo y olvidarte de tu familia!

Los que son de un nivel más humilde, los obreros, tampoco tienen tiempo para sus hijos porque siempre están trabajando. No debemos estar tan ocupados como para olvidarnos por completo de nuestros hijos. Hay un dicho que reza así: «ni más rico, ni más pobre».

Esto se usa cuando decidimos poner atención a lo que verdaderamente importa, si tú decides darle a tu familia una hora de tu tiempo, eso no te dejará ni más rico ni más pobre, económicamente hablando, pero te dará mucha satisfacción personal y enriquecerá tu vida familiar.

Si tu hijo no ha tenido el cuidado y la atención que él tanto necesita de ti, ¿qué clase de hijos crees que estas criando?

Si por alguna razón te vez plasmado en alguno de estos ejemplos y todavía no disfrutas la bendición de un hogar feliz, quiero decirte que la razón puede ser porque aún no has pagado el precio que un hogar así cuesta. Comienza de una buena vez.

Los negocios, la iglesia, las amistades, y el trabajo no deben de ser más importantes que nuestros hijos, lo más importante que tú vas a tener en esta vida es tu familia.

Lo que yo vi en mi padre

Lo que yo vi en mi padre

Quiero aclarar que cuando yo hablo de una cultura machista y sin afecto, me estoy refiriendo a una cultura sin el conocimiento pleno del amor de Dios en sus vidas. Y que por lo mismo ignora los principios bíblicos que Dios estableció con el fin de ayudar a la familia a entender las funciones que le corresponde a cada uno llevar acabo, tanto al padre como a la madre.

Y es en un hogar como este en el que yo nací. Era un hogar que carecía del conocimiento pleno de Dios. Esa es la razón por la cual en nuestro hogar no existían principios bíblicos para el matrimonio. Mis padres guiaban su hogar de acuerdo a los patrones que ellos habían visto y aprendido desde su infancia y se guiaban por el recuerdo de cómo fueron tratados en casa cuando eran niños y de acuerdo al criterio popular de ese tiempo.

Estaré hablando de lo que yo vi en casa cuando era un niño y de cómo fue mi padre de acuerdo a lo que yo recuerdo de su liderazgo y la manera de corregirnos y de cómo trató a mi madre en ese tiempo. Gracias a Dios mis padres aún viven y tienen una nueva vida ahora y siguen felizmente casados y juntos. Todo lo que diré aquí referente a ellos es solo como un ejemplo de lo que los niños ven en sus hogares y la manera en la que todo eso puede afectar sus vidas cuando lleguen a una edad adulta, es solo con el fin de poder entender y reflexionar sobre que la manera en la que tratas a tus hijos los afecta para bien o para mal.

«Si Jehová no edificare la casa, en vano trabajan los que la edifican; si Jehová no guardare la ciudad, en vano vela la guardia.» (Salmo 127:1) RV. Esto quiere decir que si no permitimos a Dios que nos dirija y nos ayude a sacar adelante nuestro hogar será en vano esforzarnos por mantener un hogar feliz. Tenemos que tomar en cuenta que fue Dios mismo quien inventó el matrimonio. «Y dijo Jehová Dios: No es bueno que el hombre esté solo; le haré ayuda idónea para él.» (Génesis 2:24) RV. «Por tanto, dejará el hombre a su padre y a su madre, y se unirá a su mujer, y serán una sola carne.» (Génesis 2:18-24) RV.

Fue Dios quien lo instituyó y es él quien sabe cómo podemos mantener una buena relación de pareja dentro del hogar. Porque Él nos ha dejado el manual para el matrimonio perfecto, ese manual está escondido en la Biblia, procura leerla para que lo conozcas.

Yo soy el mayor de cinco hermanos y es por eso que fue a mí a quien le tocó ver el desempeño de mis progenitores en su papel de padres. Y quiero decirles que desde la perspectiva de hijo, a mí no me gustó para nada lo que yo vi en mi padre. Porque era tal y como describo al supuesto hombre al comienzo de este capítulo. O tal vez, un poco peor. Porque mi padre si tenía afecto para otros niños, que por supuesto no eran ni mis hermanitos o yo. Pero para mis hermanitos o para mí nunca había una caricia, un beso, o un abrazo, o algún halago por parte de nuestro padre. Es más, no recuerdo absolutamente ni una sola muestra de amor en ninguna de sus manifestaciones para con nosotros (No estoy exagerando).

Recuerdo claramente que lo que yo vi en mi padre fue a un hombre no cariñoso. Un hombre quien demostró estar más comprometido con sus amigos que con sus hijos. Él fue un padre irresponsable, al cual tenía que andar buscando para que aportara para el sustento de la casa. Y después, cuando yo pude trabajar ayudaba a mi madre a cubrir parte de los gastos de la casa y de repente me vi envuelto en una de las funciones que a él le correspondía cumplir o suplir. Nunca tuvo tiempo para sus hijos, no recuerdo de alguna vez que se haya sentado a platicar con alguno de sus hijos a conversar o a darnos algún consejo o a corregirnos de alguna mala acción. Fue un padre que solo se acercaba a nosotros cuando andaba borracho o enojado con mi madre y solo para golpearnos sin ninguna causa que así lo ameritara. Y voy a contarles la manera en la que él me pegaba. Su fórmula era muy sencilla, consistía en agarrarme a patadas y me azotaba con lo primero que encontrara a su paso. Sin importar si era un palo, una manguera, o un pedazo de alambre. Creo que a él se le olvidaba que a quien estaba golpeando era a uno de sus hijos. Fue un padre que se olvidó totalmente de sus obligaciones, por andar quedando bien con sus amigas…

Mi padre fue un hombre con demasiada suerte para las mujeres. Él no supo cultivar el amor de mi madre, porque abusó de ella en diversas formas. Yo crecí viendo todo este panorama que no era para nada agradable en los ojos de un niño, que aún no alcanzaba a comprender la problemática de la vida. Creo que esa es la razón por la cual en mi niñez yo crecí siendo un niño triste y solitario, amargado y frustrado. Me la pasaba por las orillas de la ciudad solo, triste y sin amigos. Recuerdo que cuando veía a niños de mi edad, jugando alegremente con sus juguetes, yo sentía un coraje muy dentro de mi ser, que no podía contener, y me acercaba a ellos fingiendo que quería también participar del juego y luego, de una forma muy grosera, les arrebataba sus juguetes y se los rompía. Yo no entendía por qué sentía esa rabia en contra de un niño normal. Digo normal, porque ellos si sabían sonreír, ellos si tenían juguetes y disfrutaban jugando juegos de niños, como cualquier niño de su edad pero, yo no.

Recuerdo que si yo veía a un niño sonriendo, jugando, y disfrutando de su infancia y siendo feliz, dentro del mundo que lo rodeaba, yo sentía un coraje muy dentro de mí y sin poder contenerme me acercaba a ese niño y lo golpeaba sin ningún motivo. Al principio no entendía por qué lo hacía, pero ahora que ya no soy un niño, y habiendo ya sanado Dios todas mis heridas, he podido comprender que todo esto se debió a todo lo que yo vi en mi padre... El ver que tanto yo y mis hermanitos estábamos carentes de cariño y comprensión por parte de nuestro padre, quien nunca prestó atención a sus hijos cuando eran niños. Sin embargo, pude ver los halagos de mi padre, en otros niños, a los cuales abrazaba, besaba, o jugaba con ellos.

¿Qué pensarías tú si tuvieras un padre como este? ¿Qué pensaría tu hijo si tú fueras un padre así? ¿Crees que pensaría que eres un buen padre? ¿Crees que se sentiría orgulloso de tener un padre así? ¿Qué crees que debería ser más importante para ti? ¿Lo que piensan tus amigos?

¿Lo que dice la sociedad? ¿O lo que tus hijos piensen de ti?

Son muchas preguntas a la vez, lo sé, pero quiero pedirte que medites en ellas por un instante, antes de seguir leyendo, porque a continuación quiero darte algunos ejemplos de lo que algunos hijos piensan de sus padres.

En una ocasión, en un programa de televisión donde presentan casos verídicos con gente que va al show para contar sus experiencias vividas, me tocó ver un programa que se titulaba: «Me avergüenzo de mis padres." Al observar a los panelistas pude observar que todos eran jóvenes que iban de los 15 a los 20 años de edad. Uno de ellos, una joven de escasos 16 años decía:

«Me avergüenzo de mi mamá por que tiene la lengua muy larga. Le gustaba hablar del prójimo.» En otras palabras, le encantaba el chisme… era una Chismosa. Otra de las panelistas acusaba a su padre de la rebeldía de ella, porque aseguraba que él nunca había sabido asumir el papel de padre, tal y como ella esperaba que él lo hiciera. Ella decía que su padre jamás se preocupó de ella en ningún momento. Nunca le preguntó cómo iba en la escuela, nunca le aconsejó sobre algunas decisiones que ella estaba a punto de tomar y en las cuales ella necesitaba urgentemente del consejo de papá. «Papá siempre vivió en un mundo diferente al que yo vivía, siempre decía a mi mamá que ella tenía la culpa de que yo fuera así. Siempre la culpaba de todo, tratando así de ocultar la responsabilidad que él tenía como padre. Por eso me avergüenzo de él, por su cobardía, por no atreverse a asumir la responsabilidad que a él le correspondía. La de aconsejarme, guiarme y corregirme. La de mostrarme que en verdad me amaba. En vez de estarme reprochando y culpando a mi madre.»

En ese programa había jóvenes dañados por sus propios padres. Eran jóvenes que tenían el deseo de tener un padre o una madre que fuera capaz de hacerlos sentir amados, comprendidos, y valorados. En otra ocasión, mi hermano menor, quien es apenas un adolescente, me contó el caso de un joven amigo quien era hijo de pastor y quien ya no quería ir a la Iglesia ni saber nada de Dios. ¿Cuál es la razón por la cual este joven ya no quiere ir a la Iglesia ni saber nada de Dios?, pregunté. Lo que me comento mi hermano me dejó helado y casi no lo podía creer. «La Razón es -dijo mi hermano- que ese pastor padre de mi amigo es peor que muchos que ni van a la Iglesia.» « ¿Por qué?» -pregunté alarmado. «Es que ese pastor trata a su esposa e hijos muy mal. Golpea a su esposa y hace cosas peores que un mundano.» Yo me sentí muy mal por lo que él me dijo y le pregunté que de quien se trataba y el solo me dijo «No te lo puedo decir.»

¡Cuánta necesidad hay de ser sinceros! De mostrar a nuestros hijos la verdadera cara que tenemos. Sin hipocresías, ni falsedades! Cuánta necesidad hay de abrazar a nuestros hijos y pedirles perdón! ¡Necesidad de ser sinceros y reconocer que tal vez hemos cometido muchos errores con ellos! ¡Necesitamos reconocer que hemos fallado en algo tan importante como lo es la familia! Pedir perdón no quita la hombría, el verdadero hombre sabe pedir perdón.

El buen padre no es aquel que nunca falla, sino aquel que sabe reconocer sus errores y lucha por resolverlos! Un buen padre no nace, se hace! Cada uno recibe lo que ha sembrado «No os engañéis: Dios no puede ser burlado: que todo lo que el hombre sembrare, eso también segará.» (Gálatas 6:7) RV

La Biblia dice que cada uno recibirá de acuerdo con lo que haya sembrado. El agricultor que sembró maíz no puede estar esperando cosechar papas. O el que sembró frijol no puede cosechar sandías. Esta es una ley de la naturaleza misma y Jesús mismo nos advirtió que no se puede cambiar. Del mismo modo todo padre que no ha sabido sembrar en su hijo una buena imagen de él mismo, no puede esperar que su hijo hable o piense bien de él.

Por ejemplo, los padres que sembraron violencia en el hogar, que todo el tiempo viven peleando, discutiendo, ofendiéndose y lastimándose unos a otros en frente de sus hijos… ¿Qué piensas tú que unos padres así van a cosechar? ¿Crees que cosecharán unos hijos llenos de amor? ¿Unos hijos que se sepan querer y respetar como hermanos? ¿Crees tú que serán unos hijos que respetaran y honrarán a sus padres? ¿Crees también que serán unos jóvenes que sabrán respetar las leyes y a la comunidad en la que viven? ¿Qué clase de carácter crees tú que tendrán estos niños que son criados en un ambiente lleno de gritos, golpes, y contiendas?

¿Qué clase de semilla se está sembrando en un hogar como este? ¿Odio? ¿Rencor? ¿Violencia?

Veamos lo que nos dice la Biblia: «**Como yo he visto, los que aran iniquidad y siembran injuria, la siegan.**» (Job 4:8) RV. «**El que sembrare iniquidad, iniquidad segará y la vara de su insolencia se quebrará.**» (Proverbios 22:8) RV

La Biblia no se equivoca, si usted ha estado sembrando discordias, celos, iras, contiendas y rencores, no espere cosechar amor, respeto, humildad, mansedumbre, o paz. Porque usted recibirá exactamente lo que sembró. Recuerde que esto es una ley.

Tú no tienes por qué cosechar desventura, ni desgracias; conviértete en un sembrador de amor y de esperanzas, conviértete en un sembrador de sueños, siembra en tus hijos la luz de un nuevo horizonte. Muéstrales los recursos y las posibilidades que ellos aún no pueden ver. !Atrévete a hacerlo y te aseguro que disfrutarás de tu cosecha!

Jesús dijo: «**Así que todas las cosas que queráis que los hombres hagan con vosotros, así también haced vosotros con ellos; porque esto es la ley y los profetas.**» (Mateo 7:12) RV. A esta ley se le conoce como la regla de oro: «Has con los demás lo que quieras que ellos hagan contigo y no hagas a los demás lo que no quieras que ellos hagan contigo.» ¡Así de simple!

Ahora, quiero preguntarte: ¿cómo es que tratas tú a tu familia? ¿Cómo te tratan ellos a ti? ¿Cómo te gustaría que te trataran? ¡Todo se puede lograr con un poco de buena voluntad! ¡Yo creo que esto no es difícil de lograr, si tomas en cuenta de que a quien tú vas a hacer bien es a tu propia familia! Esto quiere decir que si tú te decides procurar el bien de tu familia y te esfuerzas en conseguirlo, eso es exactamente lo que tú recibirás por parte de ellos: Un amor incondicional para ti! Un amor y respeto que fluirán más por la admiración que ellos sienten por ti, motivados por ver tu esfuerzo y lo que tú haces por ellos. El respeto no se pide, ni se impone, se gana. ¡Es asombroso ver cómo Dios simplifica las cosas! Dios lo hace tan simple.

El problema viene cuando nosotros no estamos dispuestos a dar lo que muchas veces exigimos. Son muchas las personas que demandan más de lo que ellas mismas están dando. Es tiempo de comenzar a recuperar lo que has estado a punto de perder. Por favor, no entregues tus hijos al ladrón de hogares, no desaproveches esta gran oportunidad de recuperar tu hogar. ¡Pelea por él...! Solo quiero pedirte que al comenzar a sembrar, no te vayas a desesperar, queriendo ver inmediatamente el fruto. Porque la siembra espiritual es semejante a la agricultura, tienen su tiempo. Y existen varias etapas o periodos que van antes del fruto.

Además, es bueno recordar que una tierra donde no se ha trabajado adecuadamente es una tierra descuidada, que necesitara de mucho trabajo y esfuerzo para poder hacerla producir. Hay que desempedrar, decepar, barbechar y abrir un poso de agua para alimentar lo que se siembre. Esto significa que tus hijos son esa tierra que no ha sido bien trabajada y en los cuales tú tendrás que invertir mucho tiempo, esfuerzo y trabajo, para que al final puedas contemplar el fruto que tanto anhelas ver. Recuerda que tal vez estén lastimados, heridos y ofendidos y te costará dedicar tiempo extra en sanar todas esas heridas que un día tú les causaste. Vas a tener que comenzar a desempedrar y decepar.

Te va a costar trabajo quitar piedra por piedra, todas las que se hayan arraigado en sus corazones. Arrancar todo el odio y rencor que esté enterrado en sus corazones dolidos y lastimados. Te vas a encontrar con que unas piedras serán más grandes que otras, esto significa que algunas serán más fácil de remover que otras, así que no te vayas a desesperar ni a darte por vencido tan rápidamente. Sigue intentando y trabajando hasta que logres sanar todas y cada una de sus heridas. Tienes que volver a ganarte su confianza y esperar. Recuerda que la semilla no da fruto en cuanto se siembra. Hay un proceso y si tú has comenzado a sembrar cosas positivas en tus hijos, solo te queda esperar el tiempo de cosechar lo que estás ahora sembrando. ¡Ánimo, no te desesperes y continua con tu labor, al final está la victoria!

El perfil de un padre

El perfil de un padre

¿Te has preguntado alguna vez como debe de ser un buen padre? ¿Te gustaría saber cuáles son exactamente las características que debe tener un buen papá? A continuación, deseo expresar mi opinión en cuanto al perfil de un buen padre.

Un buen padre:

1. Es proveedor

«**Porque si alguno no provee para los suyos, y mayormente para los de su casa, ha negado la fe, y es peor que un incrédulo.**» (1ra Timoteo 5:8) RV. La palabra «proveer» según el diccionario pequeño Larousse ilustrado significa: preparar, disponer, o reunir las cosas necesarias para un fin. Suministrar o aprovisionar de lo necesario o conveniente para un fin.

Ahora veamos la palabra «Proveedor» que significa: persona, o empresa encargada de proveer, o suministrar.

Si la tarea del hombre de la casa es la de proveer para los suyos, los de su casa, es también entonces la tarea del hombre de la casa (Papáá) la de prepararse, disponerse, y reunir las cosas necesarias para que logre ese fin. Así mismo él es el encargado de proveer lo necesario para su familia y debe suministrarle lo que esta necesite. Una familia tiene diferentes necesidades, por lo tanto, necesita diferente tipos de provisión. Permítanme darles un ejemplo, en un hogar existe la necesidad de un padre que vea por las necesidades de su familia completa. Existe también la necesidad de un buen líder que pueda tomar el timón de ese barco llamado hogar y que con sabiduría pueda conducirlo a un puerto seguro.

También nuestros hijos necesitan de un buen maestro que sea capaz de enseñarles lo que ellos deben de saber para enfrentar los desafíos de la vida en una forma más amena. La familia tiene sus necesidades, que al padre le corresponde enfrentar o suplir (proveer). Lo cierto es que muchos padres, en vez de ser unos proveedores, son unos abusadores o desobligados. Quienes se hacen de la vista gorda y en vez de proveer son una carga para la familia.

Tenemos que ser unos verdaderos proveedores de lo que nuestra familia necesita. Tus hijos necesitan un beso, un abrazo, un halago, una palabra de ánimo, una palmada en el hombro. ¿Has hecho algo así hoy? ¡Si no, es tiempo de poner manos a la obra! Es tiempo de que comiences a hacer lo que hace tiempo no haces o tal vez nunca has hecho.

Atrévete a romper moldes viejos que no han permitido que te acerques a tus hijos para besarlos, abrazarlos y decirles que los amas.

2. Cumple su deber

También habéis oído que se dijo a los antepasados: «**No juraras falsamente, si no, que cumplirás tus promesas al Señor.**» (Mateo 5:33) RV

Quiero recordarte que cuando tú te casaste hiciste un juramento o promesa, que fue hecho delante de Dios y la Biblia aclara que a

Dios no le agrada que no cumplamos nuestras promesas. «**Cuando a Dios haces promesa, no tardes en cumplirla; porque él no se complace en los insensatos. Cumple lo que prometes. Mejor es que no prometas, y no que prometas y no cumplas. No dejes que tu boca te haga pecar, ni digas delante del ángel, que fue ignorancia. ¿Por qué harás que Dios se enoje a causa de tu voz, y que destruya la obra de tus manos?**» (Eclesiastés 5:4-6) RV

Cuando te casaste o te llevaste a la mujer que ahora es la madre de tus hijos, le hiciste muchas promesas que a ti, tal vez, ya se te olvidaron. Pero, ¿qué Crees? Te tengo una noticia,

Dios fue testigo de todo lo que prometiste. A demás hubo alguien más que también fue testigo, el ángel fue testigo.

Quien es buen padre siempre cumple sus promesas y sabrá mantenerse fiel a la mujer de su juventud. Aquella que le entregó los mejores años de su vida, aquella que ha sabido llorar en silencio, aquella quien ha sabido pagar el precio de una «felicidad» a medias. Aquella quien ha sabido aguantar desprecios y malos tratos, aquella que ha sabido mantener a la familia unida. A esa mi querido amigo, le debes tu lealtad y tu respeto. A ella es a quien tus hijos llaman y reconocen como «madre» y es a ella a la que tú le debes fidelidad. Con nadie más tus hijos se sentirán tan a gusto como con su verdadera madre.

Ese es un derecho que no les podemos negar.

3. Lo hace con gozo

No existe mayor gozo que saber que estamos trabajando para nuestra familia y sabemos que todo lo que hacemos será de provecho para nuestros hijos. Y eso nos debe de motivar para hacerlo con gusto y voluntariamente. «**Mucho se alegrará el padre del justo, y el que engendra sabio se gozará con él. Alégrense tu padre y tu madre, y gócese la que te dio a luz.**» **Proverbios (23:24-25)** RV

Dios mismo sabe que el buen padre es un hombre que vive en paz, porque todo lo que hace por su familia lo hace con gozo. «**Como el padre se compadece de los hijos, se compadece Jehová de los que le temen.**» **Salmo** (103:13) RV

El buen padre sabe que teniendo a su familia contenta, él también gozara y disfruta más de todas las cosas que esta vida ofrece. En otras palabras para un padre no debe de haber mayor gozo que el hecho de saber que nuestra familia está bien. Trabajemos con gozo y alegría por nuestra familia, nunca reniegues de ella.

4. Protege a su familia

El buen padre siempre sabe cuáles son las necesidades de sus hijos y está al tanto. Pero también sabe qué es lo mejor para ellos y qué es lo que les conviene y nunca les dará algo que pueda dañarlos, o causarles algún mal.

«**¿Qué padre de vosotros, si su hijo le pide pan, le dará una piedra? ¿O si pescado, en lugar de pescado, le dará una serpiente? ¿O si le pide un huevo, le dará un escorpión?**» (Lucas 11:11-12) RV. Dios sabe que el buen padre siempre sabrá proteger a sus hijos de aquellas cosas que les pueden causar daño. Y siempre estáá cuando lo necesitan para defender a su familia.

5. Los Ama

Para esto creo que no hay mejor ejemplo que él, ejemplo del hijo prodigo.

Me conmueve mucho ver, cómo este padre siempre salía a la puerta de su casa para ver si aquel hijo ingrato, que se había marchado ya, regresaba. Mira lo que dice la Biblia.

«Y levantándose, fue a su padre. Y cuando todavía estaba lejos, su padre lo vio y sintió compasión por él, y corrió, se echó sobre su cuello y lo besó.» (Lucas 15:20) LBLA

Aquel padre no le reprochó nada, simplemente le demostró cuanto le amaba. ¿Cuantas veces cometemos el error de recriminar a nuestros hijos en vez de ayudarlos a superar los problemas? Un buen padre no solo está para señalar los errores que cometen sus hijos si no, también, está ahí para animarlos a superar cada uno de ellos. El amor no se dice, se demuestra.

6. No le importa poner su vida por la de su familia

«En esto hemos conocido el amor, en que él puso su vida por nosotros; también nosotros debemos poner nuestras vidas por los hermanos.» (1ra Juan 3:16) RV

Jesús es el más grande ejemplo de amor, él dio su vida por su familia. El buen padre debe estar dispuesto a ofrecer su vida por la de sus hijos. Un padre que no está dispuesto a sacrificar tiempo, dinero, o cualquier otra cosa, no estará dispuesto a dar su vida. ¡Medita en esto!

7. Siempre está cuando se le necesita

A la mayoría, lo que más nos hace falta es tiempo. Por lo general, a nadie le sobra el tiempo. Pero cuando se trata de alguien a quien amamos, podemos ser muy cuidadosos en administrar el tiempo, de un modo que nos alcance para todo. **«Mirad, pues, con diligencia cómo andéis, no como necios sino como sabios,** aprovechando bien el tiempo, porque los días son malos. Por tanto, no seáis insensatos, sino entendidos de cuál sea la voluntad del Señor.»(Efesios 5:15-17) RV

Estamos viviendo días difíciles, hoy más que nunca nuestros hijos necesitan nuestra ayuda. Ellos necesitan de padres que estén ahí en el momento en que se les requiera para aconsejarlos, corregirlos, guiarlos, y consolarlos. Cuando un hijo necesita de ti, no hay excusa que valga si no estás ahí.

8. No le importan los sacrificios a favor de su familia

Cuando se es buen padre no se miden los sacrificios que se hacen por suplir las diferentes necesidades que la familia puede tener. **«Pero si alguno no provee para los suyos, y especialmente para los de su casa, ha negado la fe y es peor que un incrédulo.»** (1ra Timoteo 5:8) LBLA

Un padre siempre sabe de dónde sacar aquello que sus hijos necesitan. Nunca desistas de luchar y esforzarte para sacar a tu familia adelante, un buen padre hace eso y mucho más.

9. Todo lo que tiene lo pone a disposición de la familia

El padre siempre sabe proveer para las necesidades básicas de su familia y de todo lo que acumula lo reparte entre todos los miembros de su familia.

«Y él le dijo: "Hijo mío, tú siempre has estado conmigo, y todo lo mío es tuyo.» (Lucas 12:31) LBLA.

El buen padre es aquel que ha entendido que su familia no solo necesita la provisión económica y financiera, si no que sabe que su familia demanda de su persona como lo es; el cariño, el amor, el afecto, su apoyo moral y su presencia en los momentos difíciles.

10. Invierte mucho tiempo con su familia

Un buen padre siempre esta cuando sus hijos lo necesitan y, por muy ocupado que esté, siempre saca tiempo para ellos. A la escuela, el doctor, el paseo, cuando están tristes, en la noche cuando tienen miedo, cuando necesitan un consejo. Cuando están pasando por algún problema...

Estas 10 cualidades que aquí has visto hablan del perfil de todo buen padre, no de un hombre perfecto. El hecho de que aquí veas cada una de las cualidades que un buen padre debe de tener no es con el fin de señalarte como un mal padre. ¡No! ¡Todo lo contrario! Mi deseo es que puedas aprender cómo lograr ser un mejor padre y que entiendas que no se trata de ser perfecto, si no de querer hacerlo. Porque la clave para lograrlo está en:

1. Querer ser un buen padre
2. Trabajar para conseguirlo
3. No rendirte hasta lograrlo

Son tres pasos muy simples que si los sigues te llevarán a lograr tu objetivo de ser el padre que tus hijos esperan ver en ti... y el esposo que tu mujer sueña con tener.

¡Todo el tiempo que invierta el padre de familia le será ampliamente recompensado en su vejez!

Recuerda; lo que se siembra, se cosecha.

Por último, solo quiero recordarte que cuando hablamos del perfil de un padre y señalamos cada uno de los calificativos que se necesitan para poder ser un buen padre, quiero dejar bien en claro que no trato de crear o de formar la imagen del padre perfecto. El padre perfecto no existe. Pero si existe el buen padre. O aquel que llena cada uno de los calificativos del perfil del padre. Todo lo que se necesita para lograrlo es dedicación a la tarea de ser padre.

Todo buen padre tiene virtudes y defectos. Pero aun así nunca deja de ser un padre...

Capítulo 2

Un líder que sepa guiarlos en un mundo tan complicado

Capítulo 2

Un líder que sepa guiarlos en un mundo tan complicado

«El justo es guía para su prójimo, pero el camino de los impíos los extravía.» (Proverbios 12:26) LBLA

Quiero comenzar este capítulo contándole una anécdota muy curiosa que, al recordarla, todavía me da un poco de risa. En una ocasión, mis hijos y los hijos de un amigo mío se encontraban jugando como de costumbre. Pero, de pronto, algo ocurrió que salieron peleados y comenzaron a discutir y, de repente, escuché a una niña que le decía a uno de mis hijos: «Pues yo te echo a mi Papá» (es una frase muy usual entre los niños que quiere decir: le voy a decir a mi papi para que te pegue). A lo que mi hijo contestó: « ¡Éjele! Que al cabo mi Papá está más grande que el tuyo.»

Mi hijo se refería a la estatura de mi amigo y a la estatura mía, lo curioso es que yo solo mido 5,7. Pero mi amigo es más chiquito que yo por lo cual, comparado con él, mis hijos me veían a mí como un gigante. (Quiero aclarar que no es mi intención hacer burla de la estatura de mi amigo, ni de ninguna otra persona que sea de baja estatura.) Mi intención es dar un ejemplo de lo que vinimos hablando. «Lo que mis hijos esperan ver en mi», esto es: «cualidades.»

Cuando hablo de cualidades me refiero a aquello que hace que una persona sobre salga de la otra. Y todos poseemos cualidades que nos hacen diferentes unos de otros. Cualidades que tal vez tu aún no has descubierto, pero que ahí están. No obstante, tus hijos o alguien más ya te las ha visto. Y es eso precisamente lo que te hace especial para ellos. Tal vez seas bueno para los deportes, la natación, el ciclismo, la música, computación, canto, baile, o tal vez seas un intelectual. Hay otras personas que tienen gracia para hacer reír a las demás personas, otros son muy buenos para aprender diferentes cosas y otros son muy trabajadores. Sea cual sea tu virtud debes saber que tus hijos ya la descubrieron. Ellos ya saben qué es lo mejor que le sale a su papá. Y es eso lo que les hace sentirse orgullosos del padre que tienen.

Tal vez tú pienses que no tienes ninguna virtud o gracia. Pero todos tenemos una y aunque tú no la hayas identificado, tus hijos ya la tienen bien conocida. Recuerda que para nuestros hijos los padres somos los héroes de la película. O tal vez debería decir que deberíamos de serlo.

Porque también existen otros factores que influyen en cómo nos ven nuestros hijos. Estos factores no son precisamente virtudes, sino más bien defectos, que nos hacen quedar ante nuestros hijos, no precisamente como héroes sino, como villanos. Por ejemplo: hay algunos que son unos borrachos, otros unos majaderos al hablar, otros unos mentirosos, hipócritas, ladrones, adúlteros y fornicadores, pero sea cual sea tu «virtud», tus hijos ya la conocen. Ellos saben de qué pata cojea su padre. Por esa razón es importante que analicemos qué es lo que nos caracteriza. ¿Qué es lo que sobresale de ti? ¿Tus defectos o tus virtudes? ¿Qué se puede hacer? ¡Hay mucho por hacer!

Las cualidades de papá

Las cualidades de Papá

En la anécdota anterior pudimos ver cómo nuestros hijos buscan cualidades en nosotros, que a ellos les hacen sentir orgullosos y felices de sus padres. Ellos buscan esas cualidades en el padre para luego ir a presumir con sus amiguitos.

Si te fijas bien te darás cuenta de que muchas veces son cualidades o virtudes que tú mismo ni habías notado. Por ejemplo, en mi caso, yo nunca he considerado mi estatura como una virtud o algo de qué sentirme orgulloso, porque considero que no soy tan alto. Pero para mis hijos esa cualidad les dio el gane en aquella discusión. Piensa en esto, tal vez tú nunca te has visto tus cualidades. Pero te aseguro que tus hijos ya te las tienen bien definidas. Y el caso es el mismo en cuanto a los defectos. A estas alturas, tus hijos ya tienen bien definido qué es lo que les gusta y lo que les disgusta de sus padres. Por favor toma nota de esto. Si tú tienes cualidades o defectos -creo que todos tenemos un poco de cada cosa-, tus hijos ya lo conversaron con sus amiguitos. Es por esa razón que te sugiero que hagas algo para que, al final, sean más tus virtudes que tus defectos. **«El justo es guía para su prójimo, Pero el camino de los impíos los extravía.» Proverbios 12:26 LBLA**

La Biblia llama justo a aquel quien ejerce bien su liderazgo ante su prójimo. Y creo que el prójimo con quien se está más comprometido es aquel que está más próximo –cerca-, me refiero a tu familia. Creo que la Biblia no se equivoca en llamar justo a aquel que sabe guiar bien a su familia. Porque también aclara que aquel que no sabe guiarlos bien los hace errar. En otras palabras, lo responsabiliza de que se pierda y fracase en la vida, porque el ejemplo cuenta mucho. Al referirme a un líder que sepa guiarlos en un mundo tan complicado, me estoy refiriendo a alguien que posee la capacidad, o la cualidad, de hacer que lo sigan. Una definición de liderazgo es: «La capacidad de conseguir seguidores.» Y quiero decirte una cualidad que hay en ti y que tal vez tú aun no has notado. Esa cualidad se llama «liderazgo». ¿Cómo sé que eres líder? Por la razón de que tu liderazgo se confirma cuando tienes a alguien que te sigue y trata de ser como tú. Quieras o no, hay alguien que está siguiendo muy de cerca todos tus movimientos, sean buenos, o malos. Tal vez te estarás preguntando, pero, ¿quién es el que me sigue? ¿Has escuchado alguna vez a tu esposa decirte: mira a Juanito, se puso tu corbata? O tú mismo, tal vez has encontrado a tu hijo riendo al utilizar el rastrillo o tú máquina de rasurar. O tal vez recuerdes cuando tu hija se puso los zapatos de su mamá. O tal vez poniéndose tu gorra… O quizás queriendo peinarse como tú.

Todo eso es una muestra de que tu hijo quiere ser como tú. Es ahí donde comienza nuestro liderazgo, en nuestro hogar, con nuestros hijos y con nuestra esposa. Esa es la razón por la cual debemos estar seguros de que nuestro liderazgo cuente con cualidades dignas de ser imitadas. Porque el líder es el que va por delante, guiando a los que vienen detrás de él. Y aquellos que vienen detrás harán exactamente lo mismo que vean hacer al líder que va delante.

¿Alguna vez has oído a tus hijos decir malas palabras? ¿Dónde crees tú que las aprendieron?

¿Cuál es la manera en que se tratan entre ellos? ¿De casualidad no es la misma forma en la que se llevan tú y tu esposa? ¿Cuándo ellos se dirigen a ti, cómo te hablan? ¿No será que lo hacen en la misma forma en que tú te diriges a ellos? ¿Son respetuosos el uno con el otro, o actúan en la misma forma en que tú y tu esposa se comportan? Cualquiera que hayan sido tus respuestas a estas preguntas. ¿Crees que contestaste de acuerdo a lo que realmente está ocurriendo en tu casa? Y en todo caso ¿Te gusta? Recuerda, el maestro del cual han aprendido puede estar muy cerca de ellos. Tan cerca como en su propia casa. ¡Cuida muy bien lo que tus hijos ven en ti!

Siguiendo el ejemplo de papá

Siguiendo el ejemplo de Papá

Recuerdo cuando era niño, vivía en México en una pequeña ciudad que se llama Tepalcatepec, en el bello estado de Michoacán. Ahí viví mi niñez, junto con mis primos y amigos de infancia.

Y fue ahí donde sucedió esta anécdota que les voy a contar.

(Estaré usando nombres ficticios para proteger a los inocentes).

Todo ocurrió un día en que fui a visitar a mi prima Estela, quien vivía cerca de mi casa.

Éramos muy buenos amigos y cuando yo no iba para su casa ella venía a la mía! Recuerdo que cuando llegué a la casa de mi prima la busqué y no la encontré. Pensé que no había nadie, porque tampoco estaban mis tíos. Y decidí regresarme a mi casa, pero de pronto, cuando ya me iba, vi que debajo de un lavadero, que estaba aún lado de la pila de agua, salía algo como humo y me asuste. La pila de agua era un depósito que se utilizaba para almacenar agua y se le hacía un lavadero adjunto para lavar, pero debajo del lavadero quedaba un hueco. Pues pensé que tal vez se le estaba quemando la ropa a mi tía. Salí corriendo rápidamente hacia donde estaba el humo para ver qué era lo que se estaba quemando.

¡Cuál fue mi sorpresa al acercarme, porque no se trataba de ningún incendio, era mi prima Estela quien estaba debajo del lavadero fumándose un cigarro de marihuana! Fue una gran sorpresa para mí porque nunca la había visto hacer algo así. Mi prima solo tenía siete años en ese tiempo y yo tenía nueve, pero ninguno de los dos había hecho algo similar antes. Por eso, cuando mi prima se vio descubierta me dijo tímidamente «no le vayas a decir a mi papá, ten, fúmale». - Por supuesto que decime eso era solo para que yo también estuviera comprometido a guardar el secreto. Lo que más me sorprendió era ver cómo ella había podido, con mucha facilidad, forjar el cigarrillo de marihuana, porque yo no recuerdo que lo haya hecho antes. Tal vez tú te estarás preguntando entonces ¿de dónde sacó ella la marihuana? ¿Quién se la dio? ¿Cómo es que si ella nunca había usado la marihuana antes, fuera una experta forjando cigarrillos?

La respuesta es sencilla, a su corta edad mi prima ya había observado y de muy cerca el comportamiento de su líder: su padre, quien desde que yo me acuerdo siempre usó la marihuana y nunca se cuidó de que sus hijos no lo vieran. Para él siempre fue algo normal el fumarse su cigarro de «mota», como él le decía, en frente de quien fuera. Tal vez por eso, mi prima pensó que era normal y que no tenía nada de malo hacerlo ella también. Ella pensó que esa era una buena cualidad en su padre.

Recuerde que a esa edad los niños aun no disciernen entre lo que está bien o mal, ellos solo quieren ser como sus padres y tratan de imitarlos en todo lo que los ven hacer.

¿Cuál era aquí la cualidad de mi tío? ¿Era acaso una cualidad digna de imitar? Para una niña de esa edad no importaba si esa «cualidad» era buena o mala, ella solo trataba de ser como su padre y él decía que era bueno. Ella estaba siguiendo el ejemplo de acuerdo a lo que siempre veía en su líder, quien siempre está proyectando una influencia, buena o mala. El caso es que alguien está siendo atraído por esa influencia que fluye del líder.

Creo que es tiempo de que comiences a proyectar cualidades que si sean dignas de imitar. Es tiempo de que busques que tus hijos vean en ti algo que te honre y a ellos los haga sentir orgullosos del padre que tienen. Tómate un momento para que reflexiones en las cualidades que tus hijos están viendo en ti…

Existe un proverbio muy viejo que reza así: «los buenos hábitos nacen de resistir la tentación.»

¡Atrévete a resistir el impulso de dar un mal ejemplo a tus hijos!

«Más vale el buen nombre que las muchas riquezas, y el favor que la plata y el oro.» (Proverbios 22:1) LBLA. Tal vez tu nunca llegues a ser un hombre rico que puedas heredar grandes riquezas materiales a tus hijos. Pero lo que si puedes llegar a ser es una persona honrada, que tenga buenas costumbres y buenos principios, que sean conocidos de todos los que te rodean y ello te conlleve a ganar una buena fama de todo aquel que te conozca y conviva contigo.

Eso vale más que si les dejaras muchas posesiones materiales. Porque los bienes terrenales se acaban. Pero una buena educación, un buen ejemplo, un buen nombre perduran en la memoria de muchas generaciones.

¡Una buena memoria del ser amado, vale más que el oro!

La herencia más valiosa que un hombre pueda dejar a sus hijos es el secreto de cómo vivir bien y en paz aquí en la tierra y dejarles un legado de honra y honor. Un legado que les permita caminar con la frente en alto, viviendo como hombres de bien y transmitiendo a las nuevas generaciones un ejemplo que sea digno de ser imitado por su descendencia.

Recuerda esto: el dinero y los bienes materiales se terminan y corrompen el alma. Pero, los valores y principios justos dan honor y prestigio que no avergüenzan, y te permiten vivir con dignidad y con la frente muy en alto...

El secreto se revela

El secreto se revela

La Biblia dice: «**Porque no hay nada oculto que no haya de ser manifestado; Ni escondido, que no haya de salir a la luz.**» (Marcos 4:22) RV

La palabra de Dios se cumplió y mi tía Maira, la mamá de mi prima Estela, pronto se enteró de lo que había sucedido. Ella le reclamó a mi tío Ramiro su irresponsabilidad, de haber dejado la marihuana al alcance de mi prima Estela.

Fue tan acalorada la discusión que mi prima pronto se dio cuenta de que lo que había hecho estaba mal. Ahí, por primera vez en su vida, se enteró que lo que su padre hacía también estaba mal, aunque el fuera el padre, el líder, eso estaba muy mal. Tanto que sus padres estaban peleando por esa misma causa. Ese día cambio por completo la forma de pensar de mi prima hacia su padre. De ahí en adelante ya no quiso ser como su padre. Ya no quería parecerse a él. Ni quería seguir haciendo las cosas que su padre hacía.

Fue muy pronto para que ella se diera cuenta de que su padre no era un buen líder, y que su conducta no era digna de imitar. Tal vez tú te estarás preguntando ¿cómo es que una niña de solo siete años se pudo dar cuenta de todo eso? La razón es que gracias a Dios mi tía Maira nunca estuvo de acuerdo con los vicios y la actitud de mi tío. Por eso, mi tía regañó fuertemente a mi prima por lo que hizo y le explicó que eso era muy malo y peligroso para los niños y que no se debía de hacer. También le explicó las consecuencias de usar drogas. De ese modo, mi prima pudo entender lo que su madre le decía. Porque muchas de las cosas que mi tía le dijo ella ya las había visto en su padre y en algunos de los amigos de mi tío, quienes iban a la casa de mi tío a consumir drogas.

Para cuando mi tía le habló a su hija de drogas, ella ya había visto muchas cosas en su propia casa. Tal vez tú estés pensando «yo no soy tan tonto, yo me escondo para hacer lo que hago, mis hijos nunca me han visto hacerlo.» Pero te pregunto ¿cuánto crees que durará el secreto?

¿Hasta qué edad consideras tú que tus hijos van a continuar ignorando lo que hace su padre?

¿Sabías que hay niños que saben más de sus padres que los mismos padres?

Por cierto. ¿Qué edad tienen tus hijos? ¿Será acaso la edad justa en la que ya han descubierto la identidad secreta de sus padres?

Recuerda esto: ¡El secreto no dura toda la vida!

¿Hacia dónde vas?

¿Hacia dónde vas?

Me gustaría hacerte algunas preguntas ahora que ya sabes que eres un líder, porque te has dado cuenta de que hay alguien que te está siguiendo tus pasos y sabes que ese alguien, en más de una ocasión, tratará de seguir tu ejemplo. Recuerda que el que viene atrás siempre intentara hacer lo que vea hacer al de adelante, su líder.

¿Tú sabes hacia dónde vas? ¿Conoces el fin del camino que llevas? ¿Estás de acuerdo en que tu familia te siga? ¿Crees que lo que haces es digno de que tus hijos lo imiten? ¿Qué opinión tienen tus hijos sobre tu liderazgo en el hogar? ¿Por qué se deben de someter tus hijos a tu liderazgo? ¿Crees que tus hijos deberían estar orgullosos de ti? Y en todo caso ¿por qué? ¿Qué opinión tienes tú de ti mismo? ¿Qué piensas que deberías de cambiar? ¿Sabes lo que a tus hijos les gustaría ver en ti? Y de todas formas ¿te importa?

Quiero pedirte que por favor consideres un momento estas preguntas, medítalas y responde a cada una de ellas con sinceridad y disponte a adoptar los cambios necesarios en tu actitud.

Mira lo que dice este verso de la Biblia «**El ingenuo cree todo lo que le dicen; el prudente se fija por donde va.**» (Proverbios 14:15) RV. Un líder es aquel que sabe a dónde va, por qué va, y cómo hará para llegar. Por eso es muy importante que sepas hacia dónde vas y hacia donde está dirigiendo a su familia. Tienes que estar seguro de que la estás encaminando hacia un buen futuro. ¿Hay futuro en lo que estas proyectando? Recuerda, tú eres el líder y tus hijos solo te están siguiendo y harán exactamente lo que te vean hacer a ti… **«El camino del necio es derecho en su opinión; más el que obedece el consejo es sabio.»** (Proverbios 12:15) RV.

Es muy bueno analizar el camino que estamos caminando y reflexionar y ver si ese camino nos está conduciendo al lugar a donde queremos ir. Es importante oír el consejo y seguirlo. Espero que no seas de los que piensan que sus hijos están tan pequeños, que no saben y no entienden lo que te ven hacer en frente de ellos y creas que no les afecta en nada.

Se ha comprobado que los niños son muy inteligentes y que son capaces de recibir señales desde que están en el vientre de la madre. Que tampoco seas de los que se esconden para hacerlo, porque ya te diste cuenta de que todo sale a la luz tarde o temprano. Analiza este verso **«El sabio teme y se aparta del mal, pero el necio es arrogante y descuidado.»** (Proverbios 14:16) LBLA. Tienes que tener en mente que tus hijos no van a ser niños toda la vida y va allegar el día en donde ya no serán tan ignorantes de las cosas que sucedan alrededor de ellos.

Los niños crecen y más pronto de lo que tú te imaginas. ¡No te confíes!

Debemos tener cuidado con lo que hacemos, lo que hablamos, lo que vemos, y la manera en que tratamos a los demás, porque hay alguien viendo y tomando nota de todo lo que hacemos.

Te daré un ejemplo de lo que tus hijos ponen en sus notas:
-todo lo que dices, como lo dijiste y por qué lo dijiste;
-cómo resuelves los problemas;
-lo que haces;
-cuanto amas a su mamá;
-como la tratas;
-lo que ves;
-cuanto te importa tu familia;
-cómo se los demuestras;
-lo que lees;
-cuánto tiempo les dedicas;
-cómo lo haces;
-cómo te vistes;
-tu forma de tratarlos;
-cómo les hablas;
-cómo te comportas en casa y fuera de ella;.

¿Te has dado cuenta de que muchas personas se comportan de una manera en casa y de otro modo fuera de casa?

Debemos tener cuidado, hay un poema que se llama «El pequeño que me sigue». Este poema se refiere a un pequeño que observa, en todo, las actitudes de su padre:

Quiero ser muy cuidadoso.
No quiero desviarme.
No escapo de su mirada.
Como yo soy quiere ser también él.
(Parafraseado)

Cada paso que tú das, él lo querrá dar también. Ten mucho cuidado porque tu actitud está formando el carácter de aquel que te sigue.

¡Cuán importante es el liderazgo dentro del matrimonio!
¡Cuánta falta hacen hombres que de verdad acepten esta responsabilidad!
¡Hombres que sean capaces de tomar el desafío del liderazgo!
¡Hombres que sepan guiar en este mundo tan complicado!
En otras palabras, ¡líderes de verdad! O, por qué no decirlo, ¡Padres de verdad!

Hay ejemplos que matan y ejemplos que alientan. Ejemplos dignos de imitar y ejemplos que nunca deberíamos de tomar, también hay acciones que contribuyen y acciones que destruyen, -me refiero a cosas que hacemos a diario-. Cuida muy bien lo que dices, lo que haces, lo que piensas. Procura que tus actos sean dignos de imitar, hay un pequeño detrás de ti queriendo ser como tú. Cuida de darle el mejor de los ejemplos que puedas. Recuerda que el buen líder se fija por dónde va y sabe hacia dónde se dirige y conoce muy bien hacia dónde está llevando a los que lo están siguiendo. Voltea y ve, ¡hay una gran multitud detrás de ti!

¡Son tus hijos, tus nietos, tus bisnietos, toda tu descendencia! Tu liderazgo produce fruto

Para bien o para mal…

Construyendo o derribando

Construyendo o derribando

«La mujer sabia edifica su casa; más la necia con sus manos la derriba.» (Proverbios 14:1) RV.

Espero que no seas de los que dicen «aquí dice mujeres, no hombres». Porque la palabra de Dios es para todos. Y yo he visto a muchos hombres que, en vez de construir, están derribando. Sin embargo, conozco a muchas mujeres que son muy sabias y prudentes y han sabido ser padre y madre a la vez. Trabajando y luchando por sacar adelante a sus hijos!

«Cualquiera pues que me oye estas palabras, y las hace, le comparare a un hombre prudente, que edifico su casa sobre la roca. Descendió lluvia, y vinieron ríos, y soplaron vientos, y golpearon contra aquella casa; y no cayó, porque estaba fundada sobre la roca. Pero cualquiera que me escucha estas palabras y no las hace, le comparare a un hombre insensato, que edificó su casa sobre la arena; y descendió lluvia, y vinieron ríos, y soplaron vientos, y dieron con ímpetu contra aquella casa; y cayó, y fue grande su ruina.» (Mateo 7:24-27) RV

Cuántos son los padres que van por la vida destruyendo sueños de niños, que por no tener un padre que se preocupe por proveer lo que un hogar necesita, los niños tienen que abandonar la escuela y ponerse a trabajar para contribuir a los gastos del hogar.

Tus hijos están esperando a que tu empieces a construir algo que alimente sus sueños, algo que les diga a ellos lo mucho que los amas, algo que demuestre el interés que tú tienes en que ellos tengan un futuro prometedor, lleno de triunfos y logros. ¡Sueños cumplidos! ¡Metas realizadas! Es a ti a quien le corresponde esta tarea, no al maestro de la escuela. Ni tampoco al pastor de tu iglesia. Tu familia está esperando a que seas tú el que se levante como un caudillo a pelear por los ideales, sueños y propósitos de tu familia. Ellos esperan ver en ti a un padre motivado e impulsado por los sueños de sus hijos.

¿Sabías que casi todo se cae o se levanta por causa de un liderazgo? ¿Has visto lo que sucede con los entrenadores de futbol soccer? Sucede que si un equipo está ganando, todos dicen «¡Qué buen entrenador tiene ese equipo!» Y todos los demás equipos quisieran tener a ese entrenador. Pero si el equipo pierde y no califica a la liguilla, rueda la cabeza de ese entrenador, quien inmediatamente es despedido por incompetente. Esto es más o menos igual en una compañía, iglesia o partido político.

En un hogar no hay lugar para perdedores, el líder tiene que ser efectivo si quiere que su equipo salga campeón.

¡Tu familia se merece al mejor líder!

Levántate, prepárate y haz todo lo que tengas que hacer para que tu familia pueda salir campeona en la carrera de la vida.

La diferencia entre un ogro y un Padre

La diferencia entre un ogro y un padre

En muchas ocasiones el liderazgo ha sido mal interpretado y por consecuencia se ha ejecutado mal. Son muchos los hogares que han sufrido los efectos de un liderazgo mal ejercido o mal proyectado. Hay una gran diferencia entre un padre y un ogro, muchos han confundido el liderazgo que les fue concedido a los padres con el de un ogro. ¡Veamos las diferencias!

Un ogro se comporta a si
Se comunica a gritos
Corrige a golpes
Infunde temor
Da órdenes
Les enseña malos hábitos
Enseña dando órdenes

Un padre se comporta a si
Se comunica por medio del dialogo
Corrige con palabras, consejos y ejemplo
Genera confianza
Pide por favor
Les ensena valores
Les ensena con el ejemplo

¿Entiendes ahora que cuando hablamos de un líder en el hogar, en ninguna manera nos estamos refiriendo a un hombre prepotente que impone su ley a la fuerza? Ni tampoco a aquel que quiere controlar a su mujer e hijos con gritos, ofensas y golpes.

¿Ahora entiendes la importancia de ejercer un buen liderazgo dentro del hogar?

Cuando se ejecuta bien el liderazgo dentro del hogar no se hace pesado ni gravoso. Porque aquellos que están bajo nuestro liderazgo se someterán a nosotros voluntariamente y con gusto. Hemos podido comprobar que no es lo mismo ser un buen líder que ser un ogro gruñón.

Mis hijos esperan ver en mí a un líder que pueda guiarlos con amor, mansedumbre y paciencia. Ellos están cansados de un ogro gruñón, que solo pasa dando órdenes y gritando por toda la casa. Ellos necesitan de un buen líder que pueda guiarlos con su ejemplo, no con sus gritos.

El que es un buen padre, sabe también ser un buen líder. Recuerda que el ejemplo produce más resultados que mil palabras altisonantes.

Es lo que haces y no lo que dices lo que producirá un efecto en tu liderazgo para bien, o para mal. Es lo que hago, no lo que digo lo que hará que mis hijos me imiten.

Las consecuencias de nuestro liderazgo

Las consecuencias de nuestro liderazgo

Como ya te has dado cuenta, en esta vida solo hay dos tipos de liderazgo, el bueno y el malo.
Solo se es buen o mal líder.

Es importante notar que estos dos tipos de liderazgo (bueno y malo) tienen consecuencias, positivas o negativas. Quiero mostrarte unos ejemplos, sobre lo que nuestros hijos piensan acerca del tema:

El ogro hace

- A. El ogro habla a gritos
- B. El padre habla con mansedumbre
- C. El ogro los golpea
- D. El padre sabe aconsejar
- E. El ogro culpa a mamá por la conducta de los hijos
- F. El Padre exhorta con amor
- G. El ogro desalienta con sus palabras
- H. El padre da aliento con sus palabras

El hijo piensa

- A. No estoy sordo ¿Por qué no me habla bien?
- B. Mande usted papa ¡Yo sé que mi papi si me quiere!
- C. No soy un animal ¿Por qué me golpea?

D. Tiene razón mi papa ¿Cómo no lo había pensado antes?

E. Como lo odio ¿Por qué la culpa? Es el, quien provoca todo.

F. Qué pena ¿Cómo pude hacer eso?

G. ¡Qué animo! ¿Por qué no se calla?

H. Si no fuera por mi padre creo que no lo lograría.

¡Gracias papa!

¿Sabes la opinión de tus hijos referente a tu manera de disciplinarlos? ¿Has observado algún tipo de rebeldía en ellos? ¿Cómo es la actitud de tus hijos en estos momentos? ¿Te gustaría que ellos cambiaran su forma de pensar?

¡Déjame decirte que si se puede! ¡Tú puedes borrar la mala imagen negativa y lograr que tus hijos vuelvan a tener un buen concepto de ti!

Pero tú tienes que dirigirte y prestar atención a lo que la Biblia dice: «**Los pensamientos con el consejo se ordenan; y con dirección sabia se hace la guerra.**» (Proverbios 20:18) RV.

¿Te das cuenta cuán importante es el ser un buen líder que sepa dirigir con sabiduría? Para que en vez de ordenar a gritos a nuestros hijos, pidas por favor. Y en vez de golpearlos, aconsejarlos con amor y sabiduría.

Porque hay que ser claros en esto, muchas veces actuamos injustamente con ellos, simplemente porque tuvimos un mal día en el trabajo y llegamos a la casa frustrados, buscando en quien desquitar esa frustración o coraje.

Tenga cuidado, y piense que nuestros hijos no tienen la culpa de lo que nos pasa. Ellos no tienen la culpa de que hubiera mucho tráfico en el camino a casa. Ni de que te hayan despedido del trabajo, ni de que hayas chocado tu carro, ni del enojo con tu pareja. Por favor, no te desquites con ellos tratando de hacer a un lado tu responsabilidad, tú eres el líder y eres tu quien tiene que hacer las cosas bien, cuando tú las hagas, ellos también las harán.

Hay un texto que nos exhorta a tener cuidado en nuestro trato para con nuestros hijos a la vez que nos dice como conducirnos sabiamente con ellos. **«Y vosotros, padres, no provoquéis a ira a vuestros hijos, sino criadlos en disciplina y amonestación del Señor.»** Efesios 6:4

¿Alguna vez se ha preguntado usted qué es lo que provoca el enojo en su hijo?
¿Qué fue lo que el apóstol Pablo vio en los padres de su época?
¿Por qué se toma el tiempo para escribir sobre este tema?
¿Será que la situación era un tanto similar a la de hoy en día en relación a nuestros hijos?
¿Porque es tan importante poner atención a este aspecto de no enfadar a nuestros hijos?
¿Quién o quienes lo provocan?
¿Cómo podemos evitarlo?

¡Te invito a descubrirlo!

El enojo de mi hijo

El enojo de mi hijo

Creo sinceramente que lo que enoja más a nuestros hijos es el fariseísmo dentro del hogar.

¿Cuál es el fariseísmo al que me refiero? Es el mismo que existía en tiempos de Jesús y que, por cierto, tampoco a Jesús le gustó.

¿Qué significa ser un fariseo en el hogar? Lo mismo que en tiempos de Jesús, cuando existía una secta llamada los fariseos. Ellos eran gente muy religiosa, que demandaban grandes cosas de sus seguidores, pero que ellos mismos no eran capaces de llevar. Y fue por eso mismo que Jesús los reprendió.

«Porque atan cargas pesadas y difíciles de llevar, y las ponen sobre los hombros de los hombres; pero ellos ni con un dedo quieren moverlas. Ver, antes, hacen todas sus obras para ser vistos por los hombres. Pues ensanchan sus filacterias, y extienden los flecos de los mantos.» (Mateo 23:4-5) RV.

Nota importante: si usted sigue leyendo los versos de la Biblia que están a continuación, hasta el verso 33 para ser exactos, se dará cuenta lo fuerte que Jesús los amonesta por sus malos manejos en su liderazgo; pues ellos eran los supuestos líderes espirituales del pueblo, pero no cumplían con esa labor, al contrario, fueron tropiezo para muchos. Ellos estaban para guiar y dirigir al pueblo, pero fallaron porque le exigían al pueblo más de lo que podían hacer, pues ni ellos mismos podían con tremendas cargas.

Su más grande enseñanza fue la hipocresía, porque decían has, pero ellos no lo hacían. O decían no lo hagas, pero ellos lo hacían. Por lo tanto, lo que enoja más a nuestros hijos es el que seamos unos líderes que siempre están inventando reglas para los niños, pero que ellos no cumplen en lo más mínimo. Padres que son muy legalistas con sus hijos y los obligan a hacer cosas fuera de lo común, cosas que ellos mismos no hacen. Padres que a sus hijos todo le censuran, pero que a otros todo les aplauden.

Analicemos unos ejemplos; hay padres que les dicen a sus hijos: «no quiero escucharte hablar malas palabras», pero el padre es un lépero, mal hablado. Otros dicen a sus hijos: «no quiero verte fumar porque te voy a quemar la boca.» Pero ellos ya tienen la casa toda ahumada, inclusive hay padres que le dicen a su hijo: «ve y préndeme este cigarro.»

En otros casos; hay padres que a sus hijos nunca les dan un abrazo, un beso, o alguna caricia que demuestre afecto. Pero cuando no son los hijos de él, los abraza, los besa, y acaricia. O sea, todo lo contrario de lo que hace en casa, «Candil de la calle oscuridad de su casa», esto lo digo por experiencia y, créanme que esto si enoja, de esta experiencia les hablé al principio, en el encabezado «lo que yo vi en mi padre.»

Y para colmo, también están los padres que cuando sus hijos les piden dinero, siempre les dicen que no tienen. Pero que cuando otro niño, que no es su hijo, le está pidiendo dinero a su papá, él se ofrece muy amablemente y le da dinero al otro niño. Y por supuesto, el hijo de él viendo lo que papá está haciendo. ¡Qué escena más bonita, digna de recordar! ¿No lo crees?

¿Qué piensas tú? ¿Es esto para enojarse o para aplaudir?

¿Qué harías tú si tuvieras un padre así?

¿Te enojarías o te sentirías orgulloso de tener un padre así?

Esto, querido amigo, es fariseísmo o, si lo quiere en otras palabras, es hipocresía. Quiero decirle que estas cosas son las que decepcionan y enojan a nuestros hijos. Así que evitemos el fariseísmo en nuestro hogar, sea usted el líder que dirige, no el que no más señala el camino pero que nunca camina en él.

Ojalá, que usted sea de los que hacen y no solo de los que dicen.

¡Nuestros hijos necesitan saber cómo enfrentar este mundo tan difícil en el que vivimos!

¡Ellos necesitan nuestra ayuda para enfrentar los retos de cada día!

¡Sea usted el líder que sabe hacia dónde va!

¡Sea usted el líder que pueda influenciar y motivar a su familia!

¡Demuéstreles que es a usted a quien ellos tienen que seguir!

¡Deje que sus hijos se sientan orgullosos de usted, y no permita que ellos se alejen avergonzados!

¡No deje que se forme una barrera entre usted y su hijo! Más bien, construya el puente de la comunicación.

¡No sea aquel que dice por dónde debe de ir, sino que vaya usted con él y muéstrele el camino! Recuerde ¡usted es el líder! ¡Usted es quien lo tiene que dirigir!

Otra cosa que enoja mucho a los hijos es no cumplir lo que les prometemos. Eso no solo los enoja sino que los decepciona y hace que se pierda la confianza que debe de haber entre padres e hijos. Esto produce una ruptura en la credibilidad, el hijo ya no quiere creer más en papá, porque lo considera un mentiroso.

Recuerdo que cuando yo era niño, mis amiguitos venían a mi casa para que jugara con ellos y me invitaban a salir afuera para jugar y cuando le preguntaba a mi papá si yo podía salir a jugar con ellos, mi papá inventaba algún quehacer y me decía «¡después de que hagas eso puedes salir!» Pero eso era una mentira.

Por ejemplo; en una ocasión, llegaron mis amiguitos a invitarme a salir a jugar un ratito con ellos. Así que pedí permiso a mi papá y él me dijo que moviera unos ladrillos de un lugar para otro y que después, cuando terminara, me iba a dejar salir. Así que mis amiguitos me ayudaron y pronto terminamos de mover los pesados ladrillos, pero cuando terminamos mis amiguitos y yo de hacer lo que mi papá me había dicho, fui corriendo para decirle que ya había terminado, que si ya podía salir a jugar con mis amigos, a lo que él me contesto: «¡Ahora pon otra vez los ladrillos donde estaban al principio!»

¿Se da usted cuenta de lo que estoy hablando?

Tal vez este libro no sea un documento teológico, ni escatológico muy importante, pero si quiero decir que lo que aquí escribo son experiencias personales o de gente que he conocido personalmente, incluyendo a mis propios hijos.

Así es que cabe mencionar que doy mi opinión como hijo, pero también como padre, porque fui y soy un hijo, Pero ahora también soy un padre que tiene que enfrentarse al liderazgo en una forma personal, así que no estoy escribiendo algo que les digo que tienen que hacer, sino es algo que tenemos que hacer.

Yo también soy padre, esto es para mí también. Tengo que aprender de los errores que papá hizo con migo, para yo no cometerlos con mis hijos. Desde que era un niño y pude ver y entender lo que estaba pasando dentro del hogar de mis padres, y aún sin conocer de las cosas de Dios me propuse, muy dentro de mí, que lo que yo había visto en mi padre, mis hijos no lo iban a ver en mí.

En otras palabras, si a mí no me había gustado lo que yo había visto en mi padre, ¿por qué querría yo también repetir la historia? Si yo ya había sufrido tanto, ¿porque hacer también yo sufrir a mi propia familia? Creo que lo que no ha sido agradable para mí no lo debo de desear a nadie y menos a alguien a quien yo amo mucho, como son mi esposa y mis hijos.

Existe un dicho que dice «esto que me pasó, no se lo deseo ni a mi peor enemigo. Entonces, ¿por qué tratar mal a nuestra propia familia? ¡Cuidémosla y amémosla! Eso es lo menos que podemos hacer por ella.

Capítulo 3

Un esposo que cumple bien sus obligaciones en el hogar

Capítulo 3

Un esposo que cumple bien sus obligaciones en el hogar

«Maridos, amad a vuestras mujeres, así como Cristo amó a la Iglesia, y se entregó así mismo por ella.» (Efesios 5:25) RV.

La Biblia es la palabra de Dios y debiera ser la base y fundamento de todo matrimonio. Pues, como lo dije anterior mente, es en la Biblia en donde todo matrimonio puede encontrar la guía adecuada para vivir una vida plena de comprensión, de amor y de respeto dentro del vínculo del matrimonio. Pues es precisamente ahí, en la Biblia, donde todo matrimonio puede encontrar la guía completa para poder dirigir ese barco llamado hogar. Solo que algunas personas mal interpretan lo que la Biblia verdaderamente quiere decir y acomodan algunos versos de la misma, de acuerdo a su conveniencia.

Pero ahora, con la ayuda de Dios y la guía de Su Santo Espíritu, quiero ayudarlo a que usted entienda lo que verdaderamente la Biblia dice acerca del matrimonio y de las obligaciones de esposo y esposa que cada quien debemos de saber, para sacar de nuestra mente, la idea errónea que tenemos en cuanto a las obligaciones de uno y otro.

Cuando hablo de un esposo que cumple bien sus obligaciones dentro del hogar me estoy refiriendo al hecho, de que la gran mayoría de padres de familia y cabezas del hogar, tienen un falso concepto arraigado ya por años, de lo que verdaderamente significa ser un cabeza, líder, del hogar.

La gran mayoría, incluyendo a los no cristianos, se saben de memoria **«Las casadas estén sujetas, a su propio marido, como al señor, porque el marido es cabeza de la mujer, así como cristo es cabeza de la iglesia, la cual es su cuerpo, y él es su salvador.»** (Efesios 5; 22) RV

Toman estos versos de la Biblia para fortalecer el machismo, que por herencia maldita hemos venido cargando. Una herencia que nuestros antepasados, habiendo ignorado las escrituras, la dejaron muy arraigada dentro de cada uno de nosotros. Y es por eso que muchos, todavía piensan erróneamente en una cabeza del hogar como aquel ante el cual la mujer tiene que agachar la cabeza y someterse a los caprichos de un jefe, capataz, ogro, en fin, a un mal líder que se cree cabeza del hogar. (Este asunto de ogro y líder ya lo tratamos en el capítulo anterior).

Este versículo para nada apoya tal actitud del líder abusador que lo utiliza como excusa. Al contrario, nos dice que como cabeza nosotros, los varones, tenemos la obligación de dirigir bien nuestro hogar, porque eso es lo que realmente hace la cabeza: dirige no abusa.

Un papa que trata bien a mama

Un Papá que trata bien a Mamá

¿Qué piensa usted de eso? ¿Cómo considera usted que su hijo quiera que usted trate a mamá? ¿De verdad, usted me cree cuando le digo que su hijo quiere ver en usted un padre que trate bien a su madre? ¡Más vale que lo crea! Porque yo no conozco a ningún niño hasta el día de hoy, a quien yo haya escuchado decir que le gusta que su papá trate mal a su mamá.

¿Usted conoce a alguien que quiera que su padre trate mal a su madre?

Ahora; ¿por qué no recordamos viejos tiempos? ¿Qué tal sus tiempos, su época? ¿Se acuerda usted cuando era un niño, o tal vez un adolescente, quien vivía con sus padres? Quisiera que por un momento se visualizara usted mismo en ese hogar, con su papá y mamá. Quiero que recuerde, honestamente, si a usted le gustaba que trataran mal a su mamá. ¿Le gustaba ver a su padre golpeando a su mamá? ¿Usted gozaba cuando veía los diferentes abusos que cometía su padre?

Ahora quiero preguntarle: ¿usted gozas cuando comete algún tipo de abuso en su familia? ¿Le gusta ver sufrir a su familia? ¿Quiere que ellos pasen por la misma pesadilla?

Sea como sea, ese no es el propósito de Dios para el matrimonio. Ni es tampoco la voluntad de Dios, el que sea usted un abusador.

¡Al contrario! Él dijo en Efesios 5:1 que quiere que lo imitemos a Él: «**SED, pues, imitadores de Dios como hijos amados: 2 Y andad en amor, como también Cristo nos amó, y se entregó á sí mismo por nosotros, ofrenda y sacrificio á Dios en olor suave.**» (Efesios 5:1-2) RV

La voluntad de Dios es que todos los esposos tratemos bien a nuestra esposa, y que la amemos al grado de estar dispuestos a dar nuestra vida por ella. Porque este sacrificio es el que la santifica.

Ver cómo enEfecios26 al 28 RV esto lo hizo para santificarla, purificándola con el baño del agua acompañada de la palabra, para presentársela a sí mismo como una iglesia gloriosa, sin mancha ni arruga ni nada parecido, sino santa y perfecta. De la misma manera, deben los esposos amar a sus esposas como a su propio cuerpo. El que ama a su esposa se ama a sí mismo. Es la voluntad de Dios el purificar a nuestras esposas a través de la palabra.

Por ejemplo, en vez de insultarla y ofenderla, decirle cosas bonitas que la estimulen. ¿Cómo funciona esto? Bien déjame darte un ejemplo: cuando tú la maltratas, la ofendes, o abusas de ella en cualquier forma, ella está llenando su corazón de odio y rencor hacia ti y, como tú sabes, eso no la santifica, al contrario. En vez de ofender o abusar de ella sé amable, cortés, romántico, detallista, y alábala con tus palabras. Todos esos detalles irán limpiando su corazón de cualquier cosa que el diablo quiera poner en él. ¡Piénsalo!

No sé en realidad como haya sido ese hogar que te tocó vivir, yo sé que cada hogar es diferente. Pero en cuanto a mi experiencia propia y a través de lo que yo viví en mi hogar, me atrevo a decir que yo no creo que a usted le gustaría ser el hijo de un papá abusador ¿o sí?

Ahora, si usted no vio abuso en su hogar, ¿por qué entonces quiere ser usted un abusador?

Yo recuerdo que cuando era un niño y veíamos mis hermanos y yo los malos tratos que mi padre le daba a mi madre, nos poníamos a platicar entre nosotros y nos preguntábamos uno a otro: ¿si mi papá y mi mamá se dejan, tú, con quien te vas? A lo que inmediatamente contestábamos: ¡yo me voy con mi mamá!

Quiero aclarar que nos peleábamos por decir primero, que nos queríamos ir con mamá. Todos decíamos, ¡yo te gané!, ¡Yo dije primero!, a ti te toca irte con mi papá... Pero qué triste, nadie quería irse con mi papá. ¿Por qué seria? ¿Sería acaso que cada uno de nosotros tenía en la mente esas imágenes de abuso que veíamos a cada rato? Eran imágenes grotescas, salidas de la peor pesadilla, en la cual los protagonistas principales son tu familia más cercana y el monstruo principal es tu propio padre.

Recuerdas que cuando uno tiene una pesadilla, por lo regular todos quisiéramos despertar de ella y nunca más volverla a soñar y tenemos el deseo de que alguien nos despierte. Por eso, yo no concibo la idea de que alguien que ya pasó por una experiencia de este tipo, quiera volver a repetir la misma historia.

¿Qué es lo que tus hijos han visto en ti? ¿Qué imagen tienen ellos de su papá?

¿La de un ogro gruñón? ¿La de un padre abusador?

O ¿la de un padre responsable que ama y respeta a su esposa e hijos?

Quiero invitarte a reflexionar en estos momentos sobre lo que tus hijos han estado viendo en ti en estos meses pasados. ¿Crees que es algo que les agrada recordar? O ¿será algo de lo que no se quieren acordar, como si se tratara de la peor de las pesadillas?

¡Si así fuera, ayúdales a olvidarla! Hazles olvidar a ese monstruo que han estado viendo en estos días o meses o años atrás. ¡Cambia la pesadilla por una historia de amor donde el bueno del cuento seas tú!

Bonitos recuerdos

Bonitos Recuerdos

Quiero contar un poco de mi vida, como ya lo he venido haciendo en el transcurso de este libro, pero antes, quiero aclarar que mi padre es ahora un siervo de Dios y que lo que he contado y voy a seguir contando en este capítulo, y en los capítulos que siguen, pertenece totalmente al pasado. Mi padre gracias a Dios, es ahora, una nueva criatura. ¡Gloria a Dios!

Yo nací, como ya lo dije en el primer capítulo, en un hogar donde no había temor, ni conocimiento de Dios. Era un hogar humilde, de padres pobres, que vivíamos de lo que papá ganaba como jornalero. Hasta donde yo recuerdo, los años más felices de ese hogar fueron de los ocho años para atrás, o sea que la felicidad duró como siete años. En ese tiempo, yo recuerdo a mis padres como una pareja feliz, pues a pesar de que no tenían bienes materiales, se tenían el uno al otro, yo recuerdo que en ese tiempo mi padre y mi madre salían juntos para todas partes, por ejemplo, al cine, a fiestas, o al jardín. (El jardín era un lugar donde la gente del pueblo se juntaba para platicar y enamorarse, y donde la banda del pueblo tocaba algunas melodías)

Mi mamá era una mujer jovial y bonita a quien le gustaba andar siempre muy bien arreglada y mi padre era un hombre alegre y bien parecido. Hacían muy bonita pareja, hasta ahí todo iba bien, y yo me sentía orgulloso de tener unos padres jóvenes y bien parecidos, me gustaba oír cuando me decían «pero que jóvenes están tus papás. »…Todavía lo escucho… o« qué bonita está tu mamá.»

Yo recuerdo que me sentía muy bien con eso que escuchaba, también me gustaba que mi mamá fuera a la escuela, pues estaba muy orgulloso de ella. ¡Todo en ese tiempo era bonito! ¡Lo bonito era el ver a mis dos padres juntos! ¡Contentos! ¡Sonriendo! ¡Jugando el uno con el otro! ¡Cómo añoro esos tiempos! Aun así, en esos días mi padre nunca demostró hacia nosotros, sus hijos, sus verdaderos sentimientos, pues nunca recuerdo que haya gastado un minuto de su tiempo para jugar con nosotros, sin embargo, me sentía contento y feliz de poder ver que al menos ellos eran felices, a su manera.

¡No hay nada que pueda hacer más feliz a un niño, que el poder ver a su dos padres contentos, el uno con el otro! Que ellos vean que los dos se aman y que se demuestren cariño enfrente de sus hijos.

¡Eso es algo que no se puede comparar con nada! Solo que esa supuesta felicidad duró muy poco… siete años. Pues luego vino lo que nunca me hubiera gustado ver o vivir en carne propia.

El Cambio

Tal vez usted sea uno de tantos padres que se preguntan ¿por qué es que mi hijo(a) es tan rebelde? ¿Por qué es que tiene esa actitud? ¿Qué está pasando con nuestro hijo? Tal vez la respuesta a estas preguntas las tenga usted mismo, solo que posiblemente nunca ha querido aceptar esa responsabilidad, pues es más fácil culpar a otros, que reconocer nuestros propios errores.

Quiero ayudarle en este problema y comenzaré por hacerte tres preguntas, que creo que son cruciales en esto:

#1. ¿Qué es lo que tus hijos han visto o escuchado de ti?

#2. ¿Cómo es tu trato con tu esposa enfrente de ellos?

#3. ¿Alguna vez la has ofendido enfrente de ellos?

Creo que estas preguntas contienen un 95% de razón, en cuanto a la actitud y comportamiento de tus hijos, si no es el 100%.

¿Recuerdas el título de este libro? *...lo que mis hijos esperan ver en mí*. Para que usted entienda mejor esto, quiero compartir con lo que yo mismo pude ver y vivir en mi hogar (cuando era un niño), después de esa supuesta felicidad que les acabo de contar, empezó el martirio que a continuación voy a relatar.

Recuerdo que apenas había yo cumplido mis ocho años, mi papá decidió moverse del rancho pequeño donde vivíamos, a una ciudad cercana. El propósito, según mi mamá, fue el sacar a mi padre de las faldas de su mamá, mi abuelita. Pero nunca se imaginó mi pobre madre lo caro que eso le iba a costar, pues el cambio fue muy rudo al principio.

Llegamos a la pequeña ciudad sin tener dónde vivir, así que comenzamos a vivir en junta, con otras familias, hasta que pudimos conseguir algo propio. Pero en sí, eso no fue lo más duro.

Sino que cuando mi padre llegó a la ciudad, acostumbrado solamente al trabajo del campo, no encontraba en qué trabajar. No se adaptaba al cambio de la ciudad. (¡Bueno al principio, porque después se adaptó y en qué forma!). Y fue así, que pronto encontró un trabajo que a mi ver, fue el causante de todo lo que después pasó en mi casa.

Mi padre comenzó a trabajar en las cantinas como mesero o bar tender, cosa que a mi madre no le gustó, por qué en nuestro país, en México, una cantina es un lugar donde ahí mismo tienen los cuartos para las prostitutas. Así que no solo se vendía licor sino sexo, y por eso mi madre no estaba de acuerdo con el nuevo trabajo de papá. Y creo que mamá tenía razón porque, desde entonces, papá ya no fue el mismo.

Él se la pasaba más tiempo en las cantinas que en su casa y comenzó también a tomar licor y a inducir a mi madre a tomar también, así que pronto mi casa era una casa que a mí ya no me gustaba, porque había ocasiones en las que los dos se embriagaban, y era a mí, el mayor de todos mis hermanos, al que le tocaba, atender a mis padres borrachos y a mis hermanitos más chicos (fuimos seis hermanos, cuatro hombres y dos mujeres.)

Era una situación desesperante, el ver a mis dos padres tomar licor pues yo sabía que era yo quien iba a tener que batallar con ellos y con mis hermanitos. Pues al día siguiente, después de la borrachera, ninguno se podía levantar de la cama por la fuerte cruda, y me sentía muy mal cuando escuchaba a mis padres quejarse o vomitarse… yo creía que se iban a morir. Creo que eso es algo traumatizante para un niño.

Ese fue el principio… después de que nos movimos a la ciudad fue un comienzo en donde yo aprendí a convivir con borrachos. Cuando vivíamos en el rancho mis papás no eran así. Ese nuevo trabajo de mi padre le trajo muchas consecuencias, pues para empezar yo no recuerdo haber visto a mi padre tomar anteriormente, mucho menos a mi madre.

Tampoco haberlos visto pelear por celos, pero de ahí en adelante las cosas cambiaron totalmente, pues mi padre tomaba frecuentemente y duraba días enteros sin venir a la casa

Mi mamá me mandaba a buscarlo a las cantinas para que le pidiera dinero para comprar el semanario. Y así empezaron los celos, porque mi papá era muy popular entre las mujeres de la cantina, las prostitutas, algo que era hasta cierto punto normal, pues él era de alguna forma un compañero de trabajo, todas lo conocían como el güero.

Pronto el güero se hizo famoso en el bajo mundo de las cantinas. Así que esa fama llegó a oídos de mi madre, quien comenzó a cobrar celos y comenzaron así los problemas. ¡Cuántas cosas me tocaron ver en ese entonces! Cosas que mi padre hacía, pero que a mí no gustaban, por qué me tocó ver muchas cosas que eran muy vergonzosas y que por lo mismo no las voy a contar a detalle, por respeto a mi padre.

Lo que sí quiero decir es que cuando un hijo ve a su padre haciendo este tipo de cosas, uno se siente defraudado, confundido y con ganas de que se lo trague la tierra.

Lo digo por qué fue a mí a quien le toco ver las tonterías que mi padre hizo. A la edad de 14 años, mi padre me metió a trabajar de mesero ahí con él. Trabajábamos en bares, restaurantes, bailes, y en cualquier lugar que se nos solicitara, por eso fue a mí al que le tocó ver la mayoría de las estupideces que él cometió.

Algunas de estas estupideces se debieron a que mi padre ya no respetaba ni su trabajo, porque aunque estuviera trabajando, él se ponía a tomar, y era entonces cuando se le pasaban las copas cuando hacia su *show*. No quiero excusar a mi padre pero quiero aclarar que muchas veces el cliente lo instaba a uno a tomar y, claro, eso era demasiada tentación para mi papá.

Seguiré contando hasta qué punto puede un padre dañar a sus hijos.

Hijos a la defensiva

Hijos a la defensiva

Qué bonito y nostálgico es el recordar los buenos tiempos, aquellos en los cuales añoramos los momentos felices que pasamos con nuestros seres queridos, como esos momentos en los cuales mis padres fueron felices, a su manera. Pero que quedaron marcados en mi vida, como los mejores momentos de mi niñez.

No obstante, hay recuerdos que viven dentro de uno, que son como una negra pesadilla. De la cual quieres despertar y no volver a soñar o recordar más. Son recuerdos que te hirieron, o que te hicieron sufrir, recuerdos que no quieres por ningún motivo volver a revivir, lo único que deseas es que nunca se vuelvan a repetir.

De este tipo de recuerdos son de los que voy a escribir. Quiero ser sincero, no me gusta para nada contar estas cosas que gracias a Dios ya pertenecen al pasado. Pero que voy a compartir con ustedes, amados lectores, solo porque creo que les puede ayudar a algunos de ustedes, creo que ayudará a muchos a entender la importancia de tener muy en mente lo que los hijos han visto, escuchado y vivido al lado de su padre.

Empezaré contándoles que después de que mi padre se hizo un alcohólico, los problemas en la casa crecieron a una escala muy alta, ya no había tranquilidad en el hogar y todos vivíamos con mucho temor, y muchas privaciones en todo, pues mi padre se desobligó por completo del hogar, así es de que a mis escasos ocho años tuve la necesidad de salirme a buscar trabajo, para poder ayudar un poco con los gastos del hogar y la leche de mis hermanitos más chicos. Pues mi padre ya casi no daba para el gasto, así que no le quedó más remedio a mi madre que el ponerse a lavar y planchar ropa ajena, para ayudar en algo. (Antes se lavaba y se planchaba la ropa a mano, las planchas eran de hierro, y se ponían a calentar en el fogón o chimenea para poderse usar), y mi mamá me enseñó a hacer todo eso para que le ayudara, y así poder lavar y planchar más ropa.

Nuestra casa era de una sola recámara y un espacio pequeño para la cocina. Así que, dormíamos todos en el mismo cuarto. Mis padres tenían su cama para ellos dos y teníamos también una cama vieja que era de puros resortes, así que en la mañana, cuando nos levantábamos, lo hacíamos con los resortes pintados en el cuerpo. En esa cama dormían mis dos hermanas y un hermano más chico y yo, compartíamos lo ancho del suelo y un petate viejo era nuestra cama.

Pero todos teníamos que dormir en el mismo cuarto, porque no quedaba otra. Y fue por esa razón que nos tocó ver muchas cosas en el comportamiento de mi padre para con mi madre.

A mí padre, el vino le empezó a hacer daño y comenzó a hacer cosas vergonzosas. Recuerdo que cuando él llegaba a casa borracho peleaba con mi mamá. Y como ya lo dije, ya que yo dormía en el suelo, me despertaba abruptamente, por causa de los pisotones y los gritos de mi madre, y mis hermanos más chicos tratando de defender a mi madre. Pero yo no sé qué es lo que me pasaba a mí, pues yo no recuerdo porque es que yo no podía hacerlo. Yo solo me quedaba como pegado en suelo, aguantando los pisotones y viendo cómo mis hermanos trataban de defender a mamá. Lo que si recuerdo era que muchos pensamientos cruzaban por mi mente en ese preciso momento. Eran pensamientos feos, en contra de mi padre, pero que gracias a Dios no los realicé. (Qué bueno que no me podía mover en ese entonces).

Recuerdo que mi hermana que es la siguiente a mí, dormía con un cuchillo debajo de su almohada para poder defender a mi madre de los abusos de mi padre. Y yo lo que hacía era esconderle a mi padre una pistola calibre veinticinco, para que no le fuera a dar un balazo a mi madre. Por eso dije al principio de este capítulo que muchos hombres ignoran lo que la palabra hombre quiere decir, y creen que por el simple hecho de haber nacido varón pueden hacer lo que les venga en gana con las pobres mujeres, y aprovechan también el hecho de estar casados para considerar a la mujer como de su propiedad, en la cual la mujer no tiene derecho de opinar, ni de pensar, ni de tomar decisiones... menos que la mujer le corrija algo al marido, pues ella solo está para hacer lo que él diga. Por esa razón cristo dijo: **«Estáis equivocados por no comprender las Escrituras ni el poder de Dios.»** (Mateo 22:29) LBLA

¡Cuántos errores hemos cometido por causa de ignorar las escrituras! Errores de los cuales muchas veces nos hemos arrepentido de haberlos cometido y de los cuales a veces pensamos si hubiera sabido... Si alguien me hubiera dicho... Si se pudieran cambiar las cosas...

Quiero decirte que si se pueden cambiar las cosas, pues la Biblia dice: **«porque nada hay imposible para Dios.»** (Lucas 1:37) RV.

Solo que hay tres cosas que tú tienes que hacer. ¿Te gustaría saber cuáles son? ¿Estás dispuesto a hacer un esfuerzo por tus hijos? ¿Estás dispuesto a llevarlas a cabo? Pues entonces, ¡adelante! Te aseguro que si lo haces no te arrepentirás jamás. De antemano felicidades; porque esto es solo para los valientes. Y yo sé que solo aquellos que de verdad son valientes aceptaran el reto. Porque son los valientes los que conquistan grandes cosas. Son también los valientes los que se atreven a conquistar reinos. Y son los valientes los que se atreven a cambiar las cosas.

Estos tres pasos se encuentran en la Biblia, por eso de la mano de Dios vamos a comenzar a caminar paso por paso, bajo la luz del evangelio.

¿Ignorancia o necedad?

¿Ignorancia o necedad?

Hay tres cosas que si cada esposo reconoce y pone en práctica, pronto verá resultados sorprendentes en su hogar. Estos cambios se podrán ver también en usted mismo!

1. Empiece a leer la Biblia.

¿Por qué es importante que usted empiece a leer la Biblia? Por la simple razón de que es ahí donde se encuentra todo lo concerniente al matrimonio. Desafortunadamente muy pocos la leen, esto incluye a los cristianos. Hay personas cristianas y no cristianas, que tienen hasta dos o tres Biblias en su casa, pero que no la leen.

De modo que usted sabrá todo cuanto usted quiera o esté dispuesto a saber, si es que la lee en cuanto a:

A. ¿Cómo debe de ser mi trato con mi esposa?

La Biblia dice: **«Maridos, amad a vuestras mujeres, así como Cristo amó a la iglesia, y se entregó a sí mismo por ella.»** (Efesios 5:25) RV. Aquí en ninguna parte dice maltrata a tu mujer, ni tampoco dice humíllala, tenla en poco. «DICE TODO LO CONTRARIO». Así que deja ya ese maldito machismo y empieza a amarla. Tienes que estar dispuesto a dar tu vida por ella, no a quitársela. Así como Cristo dio su vida por la iglesia, tú debes de luchar y esforzarte por conseguir la felicidad de tu esposa y no seas el causante de su infelicidad. Esto es un mandato. **«Maridos, amad a vuestras mujeres, y no seas ásperos con ellas.»** (Colosenses 3:19) RV.

B. ¿Cuál debe ser el trato de mi esposa para conmigo?

La Biblia dice: **«Casadas, estad sujetas a vuestros maridos, como conviene en el Señor.»** (Colosenses 3:18) RV.

No hay nada más bonito que el ver a mi esposa sometida a mi autoridad, bajo una actitud de sumisión y humildad, y no de mala gana y renegando. Pues ella lo tiene que hacer, en la misma forma, en que se somete a Dios. Esto se gana, cuando ellas han visto en el esposo un respeto, un amor y honor brindado hacia ellas. En otras palabras, cando sabes darle el lugar que ella se merece. No hay necesidad de gritar, ni de ordenar, ni mucho menos de ofender, para obligar a que se nos sometan. El respeto y el cariño se ganan, no se imponen.

C. ¿Cuál debe de ser mi trato para con mis hijos?

La Biblia dice: **«Y vosotros, padres, no provoquéis a ira a vuestros hijos, sino criadlos en disciplina y amonestación del Señor.»** (Efesios 6:4) RV. No hay nada mejor que educar y corregir a nuestros hijos, según la palabra de Dios y no según mi propia opinión, provocando así el descontento en nuestros hijos (Ver la parte en el capítulo anterior: «el enojo de mi hijo»). La Biblia nos dice que debemos criar y educar a nuestros hijos de acuerdo al orden bíblico. No enfades a tus hijos con sermones machistas o sin fundamento bíblico, mejor gánalos con amor. Modela un estilo de vida frente a ellos un estilo de vida que sea capaz de ganarse el respeto y la admiración de ellos.

«Instruye al niño en su camino y aun cuando fuere viejo no se apartara de él.» (Proverbios 22:6).

«Camino a la vida es guardar la instrucción; pero quien desecha la reprensión, yerra.» (Proverbios 10:17).

D. ¿Cuál debe ser el trato de los hijos hacia los padres?

La Biblia dice: **«Hijos, obedeced a vuestros padres en todo, porque esto agrada al Señor.»** (Colosenses 3:20) RV. No hay nada más bonito que el ver que nuestros hijos nos obedezcan voluntariamente sin rezongar, ni por la fuerza, sino porque ellos creen que esto es justo. Y también verlos que lo hacen no por hacerlo, sino que lo hacen en una forma, que tratan de agradar no solo a los padres sino a Dios.

«NOTA MUY IMPORTANTE»

Si quieres que tus hijos cumplan con su parte y que te amen y te respeten, tal y como dice la Biblia, pues entonces no pierdas más el tiempo y empieza a instruirlos en el camino del señor.

Que cuanto más conozcan ellos de la Biblia más ellos te honraran a ti.

¡Se fija usted cómo para todos hay en la Biblia! Por eso digo que la Biblia es el manual para todo matrimonio que quiera vivir bien.

¡EMPIEZA A LEERLA!

2. Empieza a creer lo que Dios dice en la Biblia.

Hay mucha diferencia entre saber lo que dice la Biblia y creer lo que dice la Biblia. Es mucha la gente que sabe lo que dice la Biblia, pero pocos son los que creen lo que dice la Biblia.

¿Cuál es la diferencia? La diferencia es muy grande, tan grande, como de aquí al cielo.

Eso es tanto como pensar que el Diablo, por el simple hecho de conocer la escritura, será salvo.

Recuerde que Satanás conoce la Biblia, él se la cito a Jesús en Lucas 4:1-12.

Así mismo, no podemos esperar que por el simple hecho de saber lo que dice, ya todo será distinto, ¡NO! No basta con conocerla, hay que creerla para que pueda surtir efecto en mi vida. ¿Cuantas novelas no has leído? Tal vez habrás leído alguna vez la historieta de súperman, todos saben que súperman es un hombre que puede volar y que no le entran los balazos, pero no por eso las personas que lo saben se van a subir a un edificio para tirarse abajo, a ver si pueden volar como súperman. Sería tonto pensarlo.

Hay personas que toman la Biblia como una historieta nada más y no la creen. Si yo creo que la Biblia es la palabra de Dios para mi vida, entonces yo tengo que creer que Dios sabe qué es lo mejor para mí y debo de aplicarme su palabra, para entonces yo vivir de acuerdo a su palabra y no a lo que yo pienso que está bien.

La Biblia dice: «**después que Juan había sido encarcelado, Jesús vino a galilea proclamando el evangelio de Dios, y diciendo; el** tiempo se ha cumplido y el reino de Dios se ha acercado; arrepentíos y "creed" en el evangelio.» (Marcos 1:14-15) LBLA. Es Jesús mismo quien nos exhorta a creer en las escrituras. Y hasta se enfada cuando no somos capaces de creerlas, pues eso es sinónimo de nuestra poca fe en Dios.

Observa con cuidado estas escrituras. «**Entonces él les dijo ¡Oh insensatos, y tardos de corazón para creer todo lo que los profetas han dicho! ¿No era necesario que el Cristo padeciera estas cosas, y que entrara en su gloria? Y comenzando desde Moisés, y siguiendo por todos los profetas, les declaraba en todas las Escrituras lo que de él decían.**» (Lucas 24; 25-27) RV. No te conformes con conocer la escritura, comienza a creerla. Hermano, no esperes que Jesús se enoje contigo.

¡Empieza a creer en su palabra!

«**Creed en Jehová vuestro Dios, y estaréis seguros; creed a sus profetas, y seréis prosperados.**»(2a de Crónicas 20:20) RV.

3. Sé honesto al momento de aplicar alguna verdad de la Biblia.

¿Porque es importante el ser honesto al momento de aplicar alguna verdad de la Biblia?

Porque hay muchas personas que conocen partes de la Biblia, pero solo para querer lograr sus propósitos y en ninguna manera para enseñar alguna verdad, tal y como Dios la pone. Sino que cambian el significado para poder lograr así sus propósitos. Usan el principio diablo.

¿Cuál es el principio diablo? ¿Se acuerda en Lucas 4 cuando el diablo usa algunas escrituras para tentar a Jesús? ¿Cuál fue el error del diablo aquí si supuestamente estaba usando la Biblia? El error fue precisamente el dar una mala interpretación a las sagradas escrituras. Y así hay muchos que quieren usar ciertas partes de la Biblia para lograr sus propósitos. Tenga cuidado, pues ese es el principio diablo. ¿Por qué? Por qué Jesús dijo que cuando queremos hacer las cosas que hace el diablo nos estamos convirtiendo en diablo. **«Sois de vuestro padre el diablo y queréis hacer los deseos de vuestro padre. Él fue un homicida desde el principio, y no se ha mantenido en la verdad porque no hay verdad en él. Cuando habla mentira, habla de su propia naturaleza, porque es mentiroso y el padre de la mentira.»** (Juan 8:44) LBLA.

Por favor dejemos de jugar con eso, no le diga a su mujer, mira aquí dice que yo soy la cabeza, y dice que tienes que hacer todo lo que yo te diga. Porque tú sabes ahora que eso no es verdad, (eso es solamente una parte de la verdad, mas no es la única verdad en cuanto a esto, ni tampoco es la verdad total). La Biblia dice en un verso anterior a ese, en el verso 21 de Efesios, «someteos unos a otros en el temor del señor.» ¿Verdad que no comienza la enseñanza sobre el matrimonio diciendo que las mujeres se sometan a la voluntad del marido y que este haga con ella lo que bien le parezca? Tampoco dice maridos amen a sus esposas, y traten las como a vaso más frágil y cúmplanles todos sus caprichos, y déjenlas que hagan lo que ellas quieran, por que como son muy frágiles y se pueden ofender si no las dejas hacer lo que ellas quieran. ¡Esto sería absurdo y fuera de orden! Sin embargo, lo que esto quiere decir es que tanto uno como el otro, (esposo y esposa) se tienen que someter el uno al otro, no según el capricho y antojo ni egoísmo de uno mismo. Sino de acuerdo a lo que la Palabra de Dios dice, lo que a cada uno, según su función, le corresponde hacer.

Así que te exhorto a ser honesto cuando uses la Biblia, una cosa es ignorancia, y la otra muy distinta es la necedad. ¿Usted no quiere ser diablo? ¿O sí? ¿Verdad que no es suficiente solo saber lo que dice la Biblia? Sino que también tenemos que saber darle la interpretación adecuada. Por lo tanto; no debemos de utilizar la Biblia para ofendernos o confundirnos.

Dios no dejó su santa palabra para que la utilizáramos de esa forma.

La Biblia fue escrita con el propósito de: «**Toda Escritura es inspirada por Dios y útil para enseñar, para reprender, para corregir, para instruir en justicia.**» (2a Timoteo 3:16-17) LBLA. Es tiempo de que nos dejemos educar por la bendita palabra de Dios. Solo ella logrará darnos la sabiduría que tanto necesitamos para llevar a cabo esa bonita tarea de ser buenos padres.

Espero en Dios que tomes la decisión de empezar a leerla y reconozcas en ella el manual preciado para todo aquel que quiera ser un buen padre. Si lo haces, te aseguro que serás un hombre capacitado para hacer toda clase de bien. Y a los primeros que les harás un bien será a tu propia familia.

Jesús dijo que si nosotros siendo malos sabíamos dar buenas cosas a nuestros hijos, cuanto más nuestro padre celestial no nos daría lo que le pidamos. Jesús en estos versículos claramente está diciendo que, como padres, tenemos la capacidad de poder proveer lo mejor para nuestros hijos, quienes están pidiendo a gritos el ver a papá y mamá, viviendo una vida agradable, donde reinen el amor, la paz, y la armonía.

Jesús dijo que lo podíamos hacer; ¿estás dispuesto a intentarlo? ¿Te gustaría el poder darles ese gusto a tus hijos? ¡Te invito a que lo intentes! Te aseguro que tus hijos se sentirán muy orgullosos de ti, por tener a un padre que se esfuerza por darles lo mejor.

¡El tener una familia feliz, sin duda, es lo mejor que tú le puedes dar a tu familia!

Los «No» que debes aprender y nunca olvidar

Los «NO» que debes aprender y nunca olvidar

No dejes que la desidia o el egoísmo te impidan lograrlo

No permitas que tus hijos pasen otra navidad, sin ti.

No dejes que tus hijos pasen un cumpleaños agridulce, porque tú no estás.

No te vayas a dormir sin resolver un conflicto con tu pareja.

No dejes que se acabe el día sin dedicarle un tiempo a tu familia.

No transmitas decepción en tus hijos, dales entusiasmo.

No dejes que el cansancio te quite el gozo de disfrutar a tus hijos.

No olvides que los hijos no viven solo del dinero que tú les puedas dar.

No pelees con tu pareja frente a ellos.

No les grites sin antes haber hablado pacíficamente con ellos.

Espero que estos «NO» sean oportunos para no olvidarnos de cosas tan importantes que pueden hacernos cometer una locura y por no pensar las cosas antes de hablar o hacer. Podemos perder muchas bendiciones que podríamos disfrutar en compañía de nuestra hermosa familia.

Si tú estás privado de la libertad o estás en el proceso de divorcio, o simplemente estás fuera de casa, con una orden de restricción, y no te puedes acercar a tu casa por el lapso de un año… creo que si es alguna de estas tu situación, vas a comprender mejor lo que trato de decir con estos «NO».

Pero también quiero hablarte de los «SI» que deben de estar presentes todo el tiempo.

Los «Si» que no debemos de olvidar

Los «SI" que no debemos de olvidar

Si, debes estar dispuesto a ser un buen padre para tus hijos.

Si, debes esforzarte en mantener un hogar feliz.

Si, debes luchar con todo por no dejarte robar a tus hijos, ni por el mundo, el diablo, ni por su inmadurez.

Si, debes enfocarte en hacer saber tus sentimientos de afecto hacia tu familia. Tales como amor, respeto, compañerismo y comprensión. Por favor no calles un sentimiento así, sácalo y demuéstralo.

Si, debes ser ejemplo para los de tu casa antes que para los de afuera.

Si, debes proveer lo necesario para tu familia. Recuerda que un padre es un proveedor y hay muchas cosas que tenemos que proveer.

Sí, hay que disciplinar a los hijos pero con amor.

Si, puedes convivir con tus hijos y tener tiempo para tus quehaceres diarios.

Si, puedes ser cortés y amoroso con tu esposa, delante de los amigos, sin perder la hombría.

Sí, es tarea tuya la de enseñarle a tus hijos varones cómo se debe de tratar a una dama. Demuéstraselos en tu trato con la mamá de ellos.

Si, podemos ser felices si todos ponemos de nuestra parte.

Pero solo te toca a ti hacer tu parte y dejar que cada uno se esfuerce por cumplir lo que le corresponde.

Quiero compartir contigo, amado lector, un pensamiento que Dios me inspiró a escribir con el que quiero concluir este capítulo, mi deseo es que sea de bendición para tu vida.

El pintor

El pintor

«Por mucho tiempo he vivido con el deseo de poder estudiar pintura, para poder pintar cuadros hermosos. Y claro ¿por qué no? El poder ser ampliamente reconocido como uno de los grandes pintores. Pero, por el momento, no me ha sido posible tomar esas clases que me harían más feliz, porque el arte es algo que siempre llevaré muy dentro de mí. No obstante, al darme cuenta de esta situación, de que tal vez nunca sería un buen pintor que pintaría buenos cuadros que fueran reconocidos, pude escuchar la voz de Dios que me hablaba.

- No te preocupes porque tal vez nunca pintes un buen cuadro sobre lienzo. Pero yo te voy a enseñar donde tú podrás pintar como lo haría un buen maestro.
- ¿dime señor, dónde? ¡Quiero comenzar ahora mismo! – yo pregunté.
- Empieza pues a dibujar una sonrisa, en el rostro de aquel niño triste que nunca ha sabido sonreír.
- Esfuérzate, por pintar una esperanza en el corazón del necesitado.
- Dibuja un sueño en el alma de aquel joven confundido que no sabe qué hacer.
- Plasma el paisaje del amor en aquel niño huérfano que ha sido abandonado.
- Pinta una sonrisa en aquella viuda olvidada.

- Dibuja el puente de la comunicación en aquellos que la han perdido.
- Dibuja la sabiduría en los ojos del necio.
- Pinta el emblema de la paz en el violento.
- Dibuja una fuente de alegría en el hogar.
- Por último, dibuja en tu rostro la alegría de ser el pincel del maestro, con el cual dará vida a cada una de tus obras.
- Si haces esto, me dijo el señor, serás el mejor de los pintores y el más reconocido mundialmente, pues tus obras siempre hablarán de ti a todo aquel que las contemple.
- Serán obras maestras caminado por todos lados, dando a conocer la buena mano del "maestro"».

Autor: José Ángel Ramírez.

Capítulo 4

Un maestro que sabe guiarlos y dirigirlos con sus sabios consejos pero más que todo con su ejemplo

CAPÍTULO 4

Un maestro que sabe guiarlos y dirigirlos con sus sabios consejos pero más que todo con su ejemplo

«**Instruye al niño en su camino, y aun cuando fuere viejo no se apartará de él.**»(Proverbios 22:6) RV.

El pequeño Larousse ilustrado del 2004 define la palabra maestro como una persona que tiene por oficio enseñar, en especial el que se dedica a la enseñanza primaria. La segunda definición es la persona que instruye, alecciona o enseña personalmente o a través de su obra.

Yo creo de antemano que los hijos nuestros están esperando ver en sus padres a un buen maestro que sea capaz de enseñarles todo cuánto papá esté interesado que el hijo aprenda.

Porque conozco a muchos padres que esperan de sus hijos grandes cosas. Pero tal vez él o los padres esperan que el hijo adivine o intuya lo que ellos quieren, pues nunca les dicen específicamente lo que quieren que el niño haga o dejé de hacer.

En otras palabras, estos jóvenes nunca han tenido a un padre, maestro, al lado, que se haya preocupado por enseñarles una educación primaria. El diccionario, como ya lo dije al principio, recalca que un maestro es aquella persona que se preocupa por ejercer la educación primaria.

Y en mi opinión personal, y sin temor a equivocarme, me atrevo a decir que es aquella que se recibe en casa. Es aquella que el maestro secular no tiene obligación de darle.

Pues lo primario en todo hogar son los trasfondos culturales, religiosos, éticos, y morales, además de otras cosas muy importantes, tales como el amor y el respeto hacia los demás.

Esto encaja dentro de los deberes del maestro en casa, no en los deberes del maestro secular.

Me refiero por supuesto a los valores, valores que varían de familia en familia, según los trasfondos culturales y religiosos de cada familia. Por eso es muy importante que seas tú quien enseñe los tuyos, a tu familia.

Una familia fundada en buenos principios y valores que fueron transmitidos por sus padres es, y siempre será, una familia fuerte que dejará huella a un más allá de su propia generación. Será una familia que brillará con la luz de la sabiduría y la inteligencia en cada uno de sus miembros, y nunca serán avergonzados.

Lo que cuenta

Lo que cuenta

Tal vez muchos de ustedes estarán pensando que este hermano está mal y atrasado de noticias, porque muchas de estas cosas que él está diciendo las enseñan en la escuela. Tienes razón, pues muchas cosas de estas las enseñan en la escuela, pero quisiera enseñarte la diferencia entre la enseñanza secular y la enseñanza en casa y recalcar lo que verdaderamente importa.

Por ejemplo, un maestro secular enseña el respeto entre los demás esperando que tú seas una persona respetuosa, pero ellos muchas veces no saben ni jota de respeto. Así mismo, también pueden enseñar sobre moralidad, pero siempre será una moral a medias. Porque solo señalan lo que está mal, pero ellos mismos no se sienten con la absoluta responsabilidad de explicar ese tipo de cosas al alumno, por muchas razones.

Y una de ellas es porque muchos de ellos son gente pervertida que no entienden ni les importa para nada la moral. Por ejemplo, cuando hablo de moral y buenas costumbres, me estoy refiriendo al hecho de poder enseñar a nuestros hijos «principios básicos» que ellos tienen que conocer muy bien, acerca de lo bueno y lo malo, de lo que es una conducta adecuada, dentro y fuera de casa. También, la manera de hablar y saber expresarnos adecuadamente. Estos tienen que ser principios que marcan y establecen en una forma clara y sencilla, nuestra posición, ante muchos aspectos morales y anti morales de la vida. Principios que traigan a la mente del niño un entendimiento claro de lo que los padres consideran que es bueno.

Quisiera darte algunos ejemplos. Ellos nunca les van a enseñar que el homosexualismo y lesbianismo es inmoral y que atenta contra los principios bíblicos y las buenas costumbres. Y sabes por qué? Porque muchos de ellos son homosexuales y lesbianas. Muchos de los maestros de nuestros hijos son gente sin escrúpulos, con una mente depravada que hasta en ocasiones han llegado a abusar, física, sexual, o verbalmente de algunos niños (estos datos están reconocidos a nivel mundial). También es muy conocido que aquí, en los Estados Unidos de América, está totalmente prohibido el que un maestro les hable a nuestros hijos de algún tema relacionado con la religión o que hable de Dios.

Creo que eso estaría bien si el maestro secular cumpliera y se sujetara a enseñar solo aquellas clases que vienen dentro del esquema básico de aprendizaje, que no está mezclado con ningún tipo de culto o religión.

¿Pero cuántos han notado el paganismo que hay dentro de las escuelas públicas? Se niegan a hablar de Dios, pero les hablan de Halloween, de los huevos del día de la coneja, de papá Noel (el hombre gordo con barba blanca), ese personaje que ha venido a su plantar el verdadero significado que, para cualquier cristiano, debe de tener el nacimiento de Cristo. Porque eso es lo que supuestamente deberíamos estar festejando en navidad.

Sin embargo ahora, cada vez que se acercan las navidades, ya casi no se habla del nacimiento de Jesús, quien debería ser la figura central de dicha celebración. Ahora por el contrario, se ven las imágenes de este hombre gordo por donde quiera. Por eso, cuando llegan estas fechas, los niños hablan más del hombre gordo que de Jesús. Lo peor de todo es que ellos les cuentan a nuestros hijos todo de una forma muy diferente a la realidad. Pero eso es muy «normal» dentro de la escuela pública y no es prohibido, al contrario, les dejan hacer sus fiestas paganas dentro de las mismas aulas de clase.

Para ellos, Halloween es algo normal y digno de enseñar, aunque sea distorsionada la enseñanza dentro de las escuelas, pero los que ya sabemos lo que hay detrás de Halloween no podemos estar de acuerdo con dicha fiesta, y menos permitir que nuestros hijos participen en ella. ¿Por qué? Por muchas razones y una de ellas es que se dice y se sabe que es día de brujas. Y la mamá de mis hijos no es una bruja, por lo tanto mis hijos no tienen que celebrarlo.

Otros dicen que es el día de muertos. Entonces, que lo celebren los muertos. Y en el día de la coneja; ¿por qué recogen huevos? Yo nunca en mi vida he visto a una coneja poniendo o robando huevos. Ahora sí hablamos de que es el día de resurrección.

¿Qué tiene que ver un conejo poniendo o robando huevos con el hecho de que cristo haya resucitado? ¿Porque ellos no se centran en enseñar lo verdadero y se olvidan de fábulas? Por qué no pueden. Yo no sé qué tan informado está usted acerca de las prácticas que se están dando hoy en día dentro de las escuelas públicas. Pero quiero decirle de algo que escuché en diferentes medios de comunicación. Comentaron que en diversos planteles educativos están usando la meditación como parte de los ejercicios que se desarrollan dentro de la escuela. Les están enseñando a nuestros hijos cómo poner su mente en blanco, a experimentar la meditación profunda y a relajarse. Tal vez tú te preguntes, pero ¿qué tiene eso de malo?

Mi respuesta es «mucho» Porque eso en otras palabras es «ocultismo».

Y sabes qué es lo peor de todo? Que estas clases están siendo impartidas por gente muy capaz, en otras palabras, que sabe lo que está haciendo. ¿Por qué? Porque son gente que practica estas cosas. ¿Sabes a qué me refiero? A que muchos de estos maestros que tienen nuestros hijos pueden ser: un sacerdote satánico, un iniciador de la nueva era, una bruja, un homosexual o lesbiana, un pervertido sexual. En otras palabras; es gente que no tiene temor de Dios en su corazón, para poder darse cuenta de si lo que están enseñando es correcto o no.

¿Te has puesto a pensar por qué es que hay muchos jóvenes que ahora se sienten fuertemente atraídos por el ocultismo? ¿Te has fijado que últimamente más jóvenes están vistiendo ropas oscuras? …incluyendo pintura de labios negros, tatuajes alusivos a los demonios, aretes en todas partes del cuerpo… ¿No sé si habrás notado que muchos maestros dentro de las escuelas públicas los usan también? Pero, ¿dónde están los padres que no ven lo que está sucediendo?

Nota importante

Nota Importante

Quiero aclarar que no todo está total mente perdido dentro de las escuelas públicas. Pues también hay gente que sirve a Dios trabajando dentro de ellas. Y gente bien intencionada y de muy buen corazón. Para todos ellos, mi más sincero agradecimiento por su esfuerzo. Y les animo a seguir adelante con esa gran labor, que es la de ser un buen maestro en casa, papá o mamá, cuando enseñan estas cosas (la educación primaria). Estamos obligados a enseñar seguidos del ejemplo.

A tus Hijos no les importa si su maestro de escuela obedece aquello que a ellos les prohíben en la escuela o no, porque al fin de cuentas es solo el maestro de clase. Pero, en cambio, cuando se trata de que son papá y mamá los que están impartiendo alguna clase de enseñanza, ellos esperan que esté acompañada del ejemplo. Y esto sí que importa, porque se trata de nuestros hijos. Esta es la gran diferencia entre el maestro secular y el de casa. Pues para el secular son solo unos alumnos más, pero para el de casa se trata de los propios hijos. Por eso, lo que más importa no es qué tanto tu les digas que hagan o dejen de hacer, si no el ejemplo con hechos que tú les estas mostrando.

Esta comprobadísimo que todos aprendemos más de lo que vemos que de lo que escuchamos.

Por lo tanto, si quieres que tus hijos aprendan bien, no basta que les digas. ¡Enséñales cómo se hace!

El Gran Maestro Jesús, nos da el ejemplo. La Biblia dice que **«Jesús enseñaba como quien tiene autoridad, no como los escribas y fariseos.»** (**Marcos 1:22**) **RV** ¿Qué era lo que le daba esa autoridad? «El ejemplo.» Él no solo les decía: ustedes pues oraran así o ustedes cuando salgan a la calle hablarán de esta forma. Sino que él los guiaba y modelaba todo lo que les enseñaba. La gente lo veía a él orando tal y como él les enseñaba, él no sólo decía «háganlo de esta forma». Sino que él mismo era el modelo de todo lo que enseñaba.

¡Tú debes de ser el modelo de tus hijos! ¡No les digas cómo hacerlo, muéstrales cómo hacerlo!

La excusa de muchos

La excusa de muchos

Hay un dicho muy popular que reza así: «Has como yo digo pero no como yo hago.» Qué fácil sería salirnos del asunto con este dicho. No basta con hacernos los chistosos y querer hacer a un lado una obligación tan grande que tenemos como padres de familia. Pues la Biblia nos aclara muy bien de que es a los padres a quienes nos corresponde la tarea de cumplir con la educación primaria. No basta con querer salirte por la tangente, eso no te quitará a ti la gran responsabilidad que Dios te ha dado. Eso sólo acarrea más rebeldía en los Hijos. Pues la gran mayoría están cansados de que les digan qué es lo que está bien y lo que está mal, pues eso ellos ya lo saben y de sobra. Ellos lo que quieren ver son hechos, no palabras, es decir el buen ejemplo.

Quisiera dar algunos ejemplos de lo que nuestros hijos esperan del maestro en casa. El maestro secular les pone a nuestros hijos diferentes trabajos que ellos deben hacer y terminar dentro de la clase. Y al terminar la clase, el maestro les indica a nuestros hijos la tarea que debe entregar al día siguiente. Y a esto, nuestros hijos no ponen ninguna objeción, de por qué el maestro exige tanto y él no hace nada. Pero cuando se trata del maestro en casa, el padre, es todo lo contrario.

Tú, como padre, no puedes darte el lujo de estar dándole a tu hijo un montón de tareas para que él realice en casa y que tú solo estés aplastado frente al televisor y que no te levantes ni para tomar un vaso de agua, (solo para ir al baño y eso porque no te pueden traer la tasa del baño a donde estas sentado). ¡Esto sí que es frustrante para nuestros hijos! ¿Por qué? ¿Recuerdas lo que aprendiste en los capítulos anteriores sobre lo que tus hijos quieren ver en ti? Recuerda, el "ejemplo" cuenta mucho. Ellos quieren ver a un verdadero padre, no a un ogro gruñón, que con amor y ternura sepa convivir con ellos. A un padre que esté dispuesto a invertir tiempo con ellos. También esperan ver a un buen líder, que los sepa guiar y motivar.

Recuerda, no es lo mismo un padre que un jefe o capataz. Quieren ver al padre que sabe cómo tratar a mamá. Esperan ver al padre comprensivo que ayuda a mamá con los quehaceres de casa, así como ella lo ayuda a él a trabajar duro para contribuir con los gastos de la casa. Hay padres que solo están impuestos a decir «has». Pero que no están dispuestos a mover un dedo para ayudar a su esposa con el quehacer de la casa. Y eso no es todo, pues al llegar la noche, todavía esperan que estas mujeres estén con muy buen humor y dispuestas para tener relaciones sexuales, en una noche romántica y cargada de pasión.

¡Hagamos un experimento! Olvida por un momento que eres un padre de familia y piensa por un momento como hijo, como uno que tiene un padre así como acabas de leer. ¿Qué pensarías de tu padre? ¿Te sentirías orgulloso de tener un padre así? ¿Qué es lo que verdaderamente importa? Respuesta: lo que tus hijos están viendo en ti, tu actitud, «tu enseñanza». Eso es lo que verdaderamente importa: lo que ellos están viendo en ti. Procura que sea bueno lo que ellos estén viendo.

Tómate un tiempo para que medites en lo que ellos están viendo y ora a Dios para que puedas dar un buen ejemplo. Recuerda que eso determina la autoridad que quieras tener ante ellos.

¿Qué dice Dios sobre la instrucción primaria?

«Instruye al niño en su camino, y aun cuando fuere viejo no se apartará de él.»(Proverbios 22:6) RV.

La Palabra de Dios es el mejor consejero para todos; y aquí la recomendación para los padres es que no dejemos que otro tome la responsabilidad que a mí me fue dada por Dios. **«Por tanto, cuídate y guarda tu alma con diligencia, para que no te olvides de las cosas que tus ojos han visto, y no se aparten de tu corazón todos los días de tu vida; sino que las hagas saber a tus hijos y a tus nietos.»** (Deuteronomio 4:9) RV.

La Palabra de Dios es clara; al único que le corresponde la educación primaria de los hijos es a ti y a mí, «los padres.» Porque solo tú sabes la clase de comunión que tienes con Dios y tú eres el único que sabes acerca de las experiencias personales que tú mismo has tenido con Dios. Y es a ti a quien le corresponde el hablarles y enseñarles la idea o el concepto que tú tengas de Dios. Tú no puedes esperar a que otra persona que no tiene ni idea de quién es Dios les hable a tus Hijos.

Tenemos que tener mucho cuidado en no cumplir bien estos mandamientos. **«Estos, pues, son los mandamientos, los estatutos y los decretos que el Señor vuestro Dios me ha mandado que os enseñe, para que los cumpláis en la tierra que vais a poseer, para que temas al Señor tu Dios, guardando todos sus estatutos y sus mandamientos que yo te ordeno, tú y tus hijos y tus nietos, todos los días de tu vida, para que tus días sean prolongados. Escucha, pues, oh Israel, y cuida de hacerlo, para que te vaya bien y te multipliques en gran manera, en una tierra que mana leche y miel, tal como el Señor, el Dios de tus padres, te ha prometido. Escucha, oh Israel, el Señor es nuestro Dios, el Señor uno es.**

Amarás al Señor tu Dios con todo tu corazón, con toda tu alma y con toda tu fuerza. Y estas palabras que yo te mando hoy, estarán sobre tu corazón; y diligentemente las enseñarás a tus hijos, y hablarás de ellas cuando te sientes en tu casa y cuando andes por el camino, cuando te acuestes y cuando te levantes. Y las atarás como una señal a tu mano, y serán por insignias entre tus ojos. Y las escribirás en los postes de tu casa y en tus puertas. » (Deuteronomio 6; 1-9) RV.

¿Sabes por qué muchos de nuestros jóvenes, cuando salen de la escuela o el colegio, salen con un concepto muy errado de quien es Dios? ¿Y en muchos de los casos incluso ateos? Por ignorar y pasar por alto estos mandamientos de parte de Dios para todas las familias de la tierra. Por causa de padres que nunca se han puesto a enseñar a sus hijos los valores religiosos y culturales que cada padre lleva muy dentro de sí. Me refiero a padres que han ignorado la importancia de levantar y mantener vivo un altar de oración en el hogar.

Quiero aclarar que existen muchos padres de familia cristianos que creen que es al pastor de la iglesia al que le corresponde instruirles a sus hijos. Pero qué equivocados están todos aquellos que piensen así, pues es a los padres a quienes Dios encomendó esta tarea de los hijos, y es a los padres a quien Dios les pedirá cuentas por la familia. Por eso digo que es muy importante que cada hogar cristiano tenga en su propia casa un altar de oración. Porque es en casa donde empieza la educación. No es en la iglesia, ni en la escuela secular, tampoco en la calle. Por eso Dios ordena que te graves su palabra en tu corazón, para que las inculques a tus hijos, y pide que sean enseñadas en la casa.

El estar muy «ocupado» ¡no es excusa! Es tu deber y debes de cumplirlo sin ninguna excusa.

Porque delante de Dios no hay excusa válida para esto.

Todo el mundo trabaja, todos están ocupados pero tienen una labor que cumplir con sus hijos, sin importar cuan ocupado esté. Según la siguiente definición que da el diccionario para maestro, se trata de alguien que instruye, alecciona o enseña personalmente o a través de su obra. Creo que no es necesario que te recuerde con de talle sobre lo que hablamos sobre el pequeño que me sigue, Pero si quiero decirte, que siempre estamos proyectando algo, que quieras o no, siempre está tocando vidas.

No importa si esto que proyectas sea positivo o negativo, si es directa o indirectamente. (Queriendo o no queriendo) Algunos dicen que es que no pensé, que no quise hacerlo, fue sin querer queriendo… Recuérdalo y no lo olvides: ¡eres tú el maestro de tus hijos!

Y en muchas de sus acciones te verás a ti mismo reflejado por qué lo han aprendido muy bien de ti. Cada cosa que dices, cada paso que das, cada movimiento que hagas estará en la mira de ese pequeño que vive contigo y para el cual tu eres su modelo a seguir. Esa es la razón principal por la cual tú debes de preocuparte por ser una buena influencia.

El acto de influir positivamente a nuestros hijos debería de ser una de las prioridades en todo padre de familia.

La influencia

La influencia

Definición: acción y efecto de influir. 2. Fig. Poder que ejerce uno sobre otro o que tiene en un medio por sí o por sus relaciones.

Quisiera aclarar un poco más lo que estoy diciendo sobre lo que proyectamos. Para hacerlo más breve y entendible, quiero poner de ejemplo la sombra que todos tenemos, y que cuando hay luz se puede apreciar mucho mejor. Ya sea a través de la luz del sol o la luna o cualquier tipo de luz. Esta sombra que proyectamos por donde quiera que vayamos, tiene el poder de afectar a muchas vidas. Todas aquellas con las que te relaciones.

En Hechos 5:15 de la Biblia dice que las gentes sacaban a los enfermos a las calles para que al pasar Pedro, al menos su sombra los tocará. Aquí podemos ver cómo la sombra de Pedro proyectaba bendición y sanidad sobre aquellos que tenían la fortuna de ser tocados por ella. Quiero que pienses en esa sombra que tú estás proyectando en este momento. Piensa que esa sombra es la educación, el ejemplo y todo tipo de enseñanza que tú estés dando a tus hijos. Ya sea formal o informal, directa o indirectamente. En otras palabras, esa sombra representa toda influencia buena o mala que tú estás ejerciendo sobre todo aquel que te rodea.

Por eso es importante que no olvidemos los mandamientos y preceptos de Dios para la familia. Para así estar bien seguros de que la sombra que estamos proyectando es una sombra positiva, que va a traer sanidad a la vida de todo aquel que nos rodea y no lo contrario.

«**La enseñanza del sabio es fuente de vida, para apartarse de los lazos de la muerte**». (Proverbios 13:14) LBLA.

Ojala que de aquí en adelante todos nos preocupemos más por estar seguros de la clase de influencia que somos para aquel que nos rodea. Que pensemos en los efectos que esta influencia puede traer a la vida que estamos tocando...si es para vida o para muerte. Piensa en qué tipo de maestro eres, aquel que no le importa lo que enseña o aquel que es responsable de lo que enseña y siempre se preocupa por enseñar lo mejor. Aquel que tiene cuidado de proyectar una buena imagen delante de los alumnos. Recuerda que hay unos ojos que siguen cada paso que das.

Piensa que con tu influencia tus estas encaminando a tus hijos hacia la vida o hacia la muerte.

Procura que cada consejo que les das sea un consejo que les conduzca hacia la vida. Que no te detenga el hecho de que tus hijos no te pongan atención, tú cumple con tu deber y deja que cada consejo surta efecto. ¡Recuerda el poder que hay en la influencia! Tus consejos y tus acciones tocarán a tus hijos para bien o para mal.

La ética del maestro

La ética del maestro

Ética (Lat. Chica, del gr. Itapá). Filos. A. Parte de la filosofía que estudia la valoración moral de los actos humanos. B. Conjunto de principios y normas morales que regulan las actividades humanas. (Diccionario gratis en línea.)

Recuerdo que cuando mi padre trabajaba en aquella cantina, él era el encargado de atender la barra, servir los tragos y estar al pendiente de abrir y cerrar el negocio. Y en una de esas ocasiones en las que él estaba ya cerrando la cantina, ya muy entrada la noche. Cuando ya casi no llegaban clientes, mi padre escuchó unos golpes y se asomó para ver de qué se trataba. Y para su sorpresa, se trataba de un grupo de maestros del nivel académico y de preparatoria.

Mi padre les dijo que el lugar ya estaba cerrado, que por qué no habían venido más temprano, a lo que los maestros le rogaron que los dejara entrar y le explicaron a mi padre el motivo por el cual ellos no habían querido llegar a la hora usual: «Mira güero», le dijeron a mi padre, «en la ora de negocio todos vienen, incluyendo muchos jóvenes estudiantes que cada uno de nosotros tenemos en clase. A parte de los padres de los mismos alumnos. La verdad, sería muy penoso para nosotros encontrarnos con alguno de ellos en un lugar como este. ¡Nosotros no somos como los demás! Nosotros, tenemos una «imagen» que cuidar.

Un maestro secular... cuidándose de que los alumnos no los vieran en un lugar como ese...

¡Era gente con amor a su profesión y a sus alumnos! Maestros a los que les importó lo que sus alumnos pudieran pensar de ellos. Maestros que tuvieron temor de perder el respeto del alumno, por causa de no tener cuidado con lo que hacían. En otras palabras, ¡eran maestros responsables! Con ética. Pero: ¿qué es entonces lo que pasa con muchos padres que les importa un comino el hacer pantomimas enfrente de sus propios hijos? Padres a los que les da lo mismo ponerse a tomar en su casa enfrente de sus hijos, como si estuvieran en una cantina.

Padres que no se esconden para hacer sus tonterías, como tomar, fumar, maldecir, drogarse, ofenderse, degenerarse, y un sinfín de cosas más, que realizan frente a sus hijos, sin ningún pudor, como si se tratara de la cosa más común.

Piensa que Dios necesita hoy en día ese tipo de maestros con integridad, moral, que estén dispuestos a hacerse respetar por sus alumnos o (sus hijos) No exigiendo nada, sino proyectando un buen ejemplo. Recuerda que si exiges algo, tiene que ser algo que tú también estés cumpliendo. Una cosa es el ser un buen maestro, y otra muy diferente el ser un fariseo sin escrúpulos, que siempre quiere que se cumpla todo al pie de la letra, pero que él nunca hace nada por cumplir, ni siquiera una parte de lo que está pidiendo.

Cuida siempre de ser motivo de elogio y buen decir por parte de tus hijos. Cuando ellos estén hablando bien de ti y se sientan orgullosos de tener un padre como tú, conocerás la dicha de ser el padre y maestro de estos chicos. También, muy pronto empezarás a escuchar a la gente hablar acerca de tus hijos. Ellos hablarán de lo bien portados que son y preguntaran ¿quién es el padre de esos niños tan bien educados? Te aseguro que tú te sentirás orgulloso de poder decir: ¡ellos son mis hijos!

Tal vez seas un buen músico y tu hijo salga bueno o tal vez mejor que tú. Creo que tú te sentirías halagado de poder escuchar que «el alumno superó al maestro.» No importa cuál sea tu profesión, lo que importa es que cuando veas que tu hijo (a) sigue tus pasos y te supera, te sentirás el hombre más realizado de esta tierra. Siempre y cuando sea bueno lo que le estas transmitiendo.

La dicha de todo maestro

La dicha de todo maestro

Existe un dicho que reza así: «Nadie es buen maestro si no saca un buen alumno.» Creo que para todo buen maestro, la expectativa de su vida debe ser el poder, un día, dejar plasmado en el alumno todo el conocimiento que posee. Creo que para el maestro no hay mayor dicha que esta, el verse reflejado en aquel estudiante. Así como para el padre es una dicha el que un hijo salga idéntico a él. Y a todos nos gusta cuando escuchamos «de tal palo tal astilla.»

Quiero que observen cuan orgulloso se sentía el apóstol Pablo de Timoteo, su Hijo Espiritual. El apóstol se sentía orgulloso de Timoteo, porque él había captado toda la enseñanza de Pablo, su maestro y «padre espiritual.» **«Pero tú has seguido mi doctrina, conducta, prepósito, fe, longanimidad, amor, y paciencia.»** (2a. Timoteo 3:10) RV. ¡Timoteo había captado la visión de Pablo! ¡Había entendido su doctrina! (Enseñanza primaria). ¡Imitaba su conducta! (Actuaba como él, entendió el propósito de la enseñanza, comprendió que valía la pena seguir la instrucción del Apóstol, tanto que se convirtió en otro Pablo. Podía decirse que al hablar Timoteo era como si hablara Pablo (hablaban de lo mismo). Cualquiera que veía a Timoteo pensaría que estaba viendo a Pablo. Por eso, el apóstol se sentía con la confianza de enviar a Timoteo a misiones especiales, porque sabía muy bien que Timoteo lo haría como si lo hiciera el. La meta del Apóstol, era de que fueran como él, que lo imitaran.

«Por tanto, os exhorto: sed imitadores míos.» (1a Corintios 4:16) LBLA. Y para esta misión, no había ningún otro más calificado que Timoteo. «Por esta razón os he enviado a Timoteo, que es mi hijo amado y fiel en el Señor, y él os recordará mis caminos, los caminos en Cristo, tal como enseño en todas partes, en cada iglesia.» (1a Corintios 4:16 -17) LBLA. Con cuanta confianza Pablo mandaba a aquel joven estudiante a ese pueblo rebelde de Corinto! Era un pueblo adultero y pecador, duro de entendimiento, que requería de un buen expositor de la Palabra, y ese tuvo que ser Timoteo. Espero que empiece a arder dentro de ti el deseo de poder sacar otro (pon aquí tu nombre), ponte a pensar cuan orgulloso te sentirías si tu hijo pudiera captar tu visión, propósito, fe, doctrina, paciencia, Y todo cuanto tú le quieras enseñar. (Confió en Dios que cuidarás de enseñarle solo aquello que le ayudará.

Un verdadero padre que ama a sus hijos siempre buscará darles lo mejor y aquello que él sabe que no les va a dañar. Por eso; creo de antemano, que buscarás enseñarles todo lo que sea de benefició para ellos y nunca les enseñarás aquello que les pueda dañar. Anota muy bien en una hoja cuales son las cosas que ocupan el primer lugar, dentro de la enseñanza primaria, y ocúpate de saber separar muy bien las cosas que te corresponden a ti, como padre, enseñarles a tus hijos… y cuales pertenecen al maestro en la escuela.

También es importante que te des cuenta de que en la calle hay mucha información que está llegando a diario a la mente de tus hijos. Procura ser una clase de filtro que pueda filtrar muy bien cada información errada, que ellos reciban, sin importar su procedencia. Recuerda que tú, aparte de ser el maestro de tus hijos, eres también su padre y sabes perfectamente qué es lo mejor para ellos y cuál es el tipo de comida que ellos pueden digerir y cual todavía no. La voluntad de Dios es bendecirte, para que puedas realizar bien la labor de enseñar adecuadamente a tus hijos y yo no creo que tú te quieras perder esa bendición.

¡Esforcémonos a ganarla! ¡Yo también la quiero! Sí señor, bendice nuestra familia. Amen.

Capítulo 5

Un amigo, confidente y consejero en quien ellos puedan confiar plenamente

Capítulo 5

Un amigo, confidente, y consejero en quien ellos puedan confiar plenamente

«En todo tiempo ama el amigo, y es como un hermano en tiempo de angustia.» (Proverbios 17:17) RV.

Recuerdo que cuando era un adolescente de trece años, tuve un amigo con el cual surgió una muy bonita amistad. Y fue tal el grado de amistad que tuvimos, que quisimos hacer un pacto de sangre. (Esto se hacía cortándose en la muñeca de la mano izquierda de cada uno, uniéndolas una con otra) después de eso, nos considerábamos «hermanos» ¡Ya no sería una simple amistad!

Recuerdo también que le dije a mi madre: «mamá, cada vez que venga el Chóforo (sobrenombre de mi amigo) a la casa, usted ofrézcale de comer, él es ahora como mi hermano.» Así le abrí literalmente las puertas de mi casa a este supuestamente «amigo» por lo mismo, cada vez que él tenía alguna necesidad era precisamente a mi casa, a donde él acudía. Ahí comía, dormía, y corría cuando lo necesitaba.

Recuerdo que siempre que ocupaba dinero acudía a mí para que le prestara y, por supuesto, yo le prestaba. Para eso son los amigos ¿no? Mi amigo y yo empezamos a trabajar desde muy chicos, por eso, a esa edad, él y yo ya cargábamos dinero, pero el papá de Chóforo era muy borracho y lo poco que él conseguía era para su vicio, por eso al Chóforo no le alcanzaba lo que ganaba para ayudar a su familia. Por esa razón, siempre tenía que acudir a mí para que lo sacara del apuro. El problema era que yo también estaba en la misma situación, también yo trabajaba para ayudar a mis padres. Y lo ayudaba, no porque a mí me sobrara el dinero, sino porque yo me sentía comprometido por causa de nuestra amistad.

Quiero decir que esta bonita amistad duró alrededor de dos años, porque después el Chóforo cambió mucho, ya casi no me frecuentaba, y cuando yo trataba de acercarme a él, se podía sentir su frialdad y más cuando yo le cobraba lo que me debía. Recuerdo en una ocasión en que yo necesitaba desesperadamente la ayuda del Chóforo, «mi hermano» fui en su busca y cuando lo encontré le conté la situación. Le dije que mis hermanitos más pequeños necesitaban leche y que no tenía para comprarla, que por favor me pagara algo de lo que me debía. Pero él, en vez de pagarme o ayudarme para conseguir la leche, se enojó y me maldijo y blasfemando, dijo que ya no quería ser mi hermano de sangre.

Recuerdo que me fui llorando para mi casa, pensando en lo que aquel supuesto amigo me había dicho, pues en verdad yo lo estimaba mucho, por eso nunca pensé que él me fuera a pagar de esa forma, pues yo en realidad necesitaba el dinero y, al fin de cuentas, yo lo había ayudado a él cuándo él lo necesito. Quiero decir que en ese entonces yo sacaba fiado un litro de leche, pero no alcanzaba. Como quiera, yo seguía tratando de mantener esa amistad entre el Chóforo y yo, donde quiera que me lo encontrara yo le hablaba y le invitaba cosas. (Ya no le cobraba lo que me debía).

Pero un día que llegue a una tienda del barrio, ahí encontré al Chóforo y a uno de mis hermanitos llorando. Rápidamente me acerqué para ver lo que pasaba y me dí cuenta de que el Chóforo le había pegado a mi hermano, porque supuestamente mi hermano le debía a él. Y al saber de qué se trataba yo le dije al Chóforo: «¡Pero si tú mismo me debes a mi más que eso!

¿Por qué lo golpeas? ¡Yo nunca te he golpeado a ti para que me pagues!»

Mira, olvida la deuda de mi hermano, y ahí quedamos a mano con lo que tú me debes a mí. Cosa que no le pareció y comenzó a ofenderme más y a tirarme golpes, a lo que no me quedó más remedio que defenderme. Allí fue donde verdaderamente pude darme cuenta de quién era mi «amigo», fue ahí donde deshicimos nuestra «amistad» y le prohibí a mi familia volver a juntarse con él.

Quiero aclarar que eso fue muy duro, no solo para mí, sino para mi familia. Ellos también lo estimaban. Pero la Biblia es clara cuando enseña que: «**El hombre de muchos amigos se arruina, pero hay amigo más unido que un hermano.**» **Proverbios** (18:24) LBLA Gracias a Dios que muy a tiempo pude entender que ese joven no era mi amigo, y menos mi hermano. Pues la Biblia dice: «**quien tiene amigos, a demostrarse amigo.**» (Proverbios 18:24) RV. Verdaderamente, este amigo me estaba conduciendo a la ruina económica y familiar. Pero doy Gloria a Dios que a pesar de que en ese entonces yo no conocía de Dios todavía. Él me pudo abrir los ojos muy a tiempo.

También nos dice la Bendita palabra de Dios que: «**En todo tiempo ama el amigo, y es como un hermano en tiempo de angustia.**» (Proverbios 17:17) RV. Yo todo el tiempo le demostré eso al Chóforo. Pero, desgraciadamente, cuando fui yo quien necesitó la ayuda, él no estuvo dispuesto a ayudarme. Él fue mi amigo y mi «hermano» solo cuando me necesitó, cuando era él quien ocupo la ayuda. Pero cuando fui yo quien lo necesito a él, no estuvo dispuesto a brindarme ese apoyo que necesitaba. Si de verdad quieres formar una buena amistad entre tú y tus hijos, tienes antes que nada que portarte como el mejor de los amigos. Tienes que buscar ser el mejor amigo que ellos puedan tener, esto implica que debes de corresponder a la amistad que tus estás demandando. Que debes de estar ahí cuando se te necesite y que sabrás corresponder en el momento oportuno, y nunca seas como el Chóforo, quien no más aprovechaba la amistad para sacar ventaja. Un verdadero amigo…«conoce a su amigo», «entiende a su amigo», «le ayuda», «lo estimula», «es incondicional», «siempre está cuando se le necesita», «conoce cuando hay que decir que no». ¡Recuerda, en todo tiempo ama el amigo!

El amigo verdadero acarrea bendición. Mientras que el falso amigo acarrea calamidades y maldición.

Mi papá, mi mejor amigo

Mi papá, mi mejor amigo

Tal vez usted estará preguntándose ¿pero qué tiene que ver todo esto con ser el amigo de mi hijo? ¡Mucho! Porque a tus hijos les gustaría que papá fuera su mejor amigo. ¿Alguna vez has soñado con eso? ...ser el mejor amigo de tus hijos?

¿Sabías que cualquier muchacho estaría muy orgulloso de poder decir que su padre es su mejor amigo? ¿Qué opinan tus hijos? Pregúntaselos! Creo que todos tenemos «un mejor amigo». Casi por lo regular, todo mundo señala y dice: él o ella es mi- mejor amigo(a).

Un mejor amigo por lo general es «aquel con quien se pasa la mayor parte del tiempo»,
«aquel con quien convivimos más», «al que le confiamos más», «aquel con quien tenemos la confianza de acercarnos, cuando necesitamos ser escuchados».

Un mejor amigo es:

- aquel que conoce nuestros más íntimos secretos
-aquel en cuyo hombro nos apoyamos para llorar
-aquel con quien hemos compartido nuestros mejores momentos
-aquel que no se burla de ti cuando te ve desanimado
-aquel quien te tiende su mano y te ofrece su hombro para que te apoyes en él

-aquel que sabe callar cuando le confías un secreto
-aquel que cree en ti cuando le confías tus aspiraciones

En otras palabras, como lo dice la bendita palabra de Dios, ¡en todo tiempo ama el amigo! No solo cuando estamos bien. ¡Es cuando estás rodeado de logros y triunfos! pero también cuando has fracasado. ¡Cuando estás gozando y cuando estás llorando! Cuando estás en el hospital y cuando estás de fiesta. ¡Ahí siempre está! «El mejor amigo». En mi opinión, muy personal, ese es el mejor amigo.

Pero, ¿dónde estaba papá cuando su hijo saca una buena nota en la escuela? ¿Dónde estaba papá cuando enfermó y tuvo que estar en el hospital? ¿Dónde estaba papá cuando mamá estaba dando a luz?

¿Dónde estabas cuando necesité de tus sabios consejos?¿Dónde estabas, papá, cuando más te necesité?

Tal vez te preguntes el porqué de estas preguntas. Déjame decirte la razón. En primer lugar, porque conozco a padres que tienen a su mejor amigo fuera de su casa. O sea que no son ni su esposa, ni sus hijos. Padres que dedican más tiempo a sus «amigos» fuera de casa, que a su familia. Padres que le dan más valor al tiempo que pasan con un desconocido, que con su propia familia. Padres que todavía no asimilan el papel tan importante que tienen que desarrollar, dentro del rol de esposo y padre. Por eso es con otra gente con quien pasan la mayor parte de su tiempo. Por esa razón; los hijos y la esposa, hacen lo mismo. Buscan a su mejor amigo fuera de su casa.

Porque dentro de casa no existe ningún tipo de acercamiento que conlleve a una amistad Al contrario, se han formado barreras que impiden que el hijo pueda confiar en su padre. Porque papá ha estado tan lejos de él que nunca le ha brindado esa confianza, con la cual el niño se pueda acercar sin ningún temor a papá.

Por ejemplo, tal vez tu no estuviste para felicitarlo en el momento cuando él llego a casa con la noticia de una buena nota. Pero, si estuviste cuando él llego a casa cabizbajo y con una «F» en alguna materia. En otras palabras, no estuviste para felicitarlo y motivarlo, para que siguiera trayendo buenas notas. Pero si estuviste atento para regañarlo, ofenderlo y bajarle más la estima, cuando sacó la mala nota. En Proverbios 17:17 dice que en todo tiempo ama el amigo, y es como un hermano en los momentos difíciles. RV

Estoy hablando de padres que nunca pensaron que el mejor amigo lo tenían tan cerca de ellos mismos, en casa. Padres que han vivido tan lejos de su propia familia, que viven en la misma casa, pero que no se conocen. Por eso, cuando el padre habla de que espera que el niño sea respetuoso con él y que le tenga la suficiente confianza para que le cuente sus inquietudes, sus temores, o cualquier cosa, el niño simplemente se cierra y no se puede abrir. Porque tú no te abrirías tan fácilmente ante un desconocido. ¿O sí?

La Amistad, como el amor, se tiene que cultivar. Se siembra con paciencia, se riega con esmero, se trabaja firmemente y se espera la cosecha. Recuerda que cada uno cosecha según lo que haya sembrado. Esfuérzate para sembrar buena semilla en ellos, para que cuando llegue el momento de la cosecha sea bueno el fruto que recibas de ello.

El espejo de la vida

Siempre se ha dicho que la vida te devuelve lo que tú das, lo que tú des eso recibirás para atrás. Es como la imagen proyectada en un espejo. Este simplemente refleja lo que se pone enfrente de él. Así mismo, todas tus acciones reflejarán al final todo aquello que tú estés proyectando. El espejo nunca proyectará nada por sí solo. Él solo proyecta las imágenes de todo lo que se le pone frente a él. De manera que si se pone alguien sucio y despeinado frente a él, proyectará una imagen sucia y despeinada. Pero, si por el contrario se pone alguien bien vestido y bien peinado frente al espejo, proyectará una imagen de alguien muy bien presentado. En la vida pasa lo mismo. Tal y como tú te presentes a ella, así mismo será proyectada tu imagen… ¿Qué imagen estás proyectando?

Nuestra vida es simplemente un reflejo de nuestras acciones. Si deseas más amor en el mundo, crea más amor a tu alrededor. Si deseas felicidad, da felicidad a los que te rodean. Si quieres una sonrisa en el alma, da una sonrisa al alma de los que te rodean. Esta relación se aplica a todos los aspectos de la vida. La vida te dará de regreso exactamente aquello que tú le hayas dado. Tu vida no es una coincidencia, ¡es un reflejo de ti!

Alguien dijo: «Si no te gusta lo que recibes de vuelta, revisa muy bien lo que estás dando.»
Esto es semejante al capítulo anterior, al igual que con el maestro, los hijos esperan del amigo el ejemplo.

Tú no puedes darte el lujo de ser un indiferente con tus hijos y esperar que ellos sean muy afectuosos contigo, a tal grado de esperar que pueda surgir una muy buena amistad. Pues lo único que conseguirás con tu indiferencia es que tus hijos sean totalmente indiferentes contigo. Porque es eso exactamente lo que tú les proyectaste y es eso lo que estás recibiendo de vuelta. Por eso te invito a que tomes unos minutos para que revises muy bien qué es lo que tú estás dando, cómo lograr que mi mejor amigo esté dentro de mi casa.

«Hay quienes reparten, y les es añadido más; y hay quienes retienen más de lo que es justo, pero vienen a pobreza. El alma generosa será prosperada; Y el que saciare, él también será saciado.» (Proverbios 11:24-25) RV.

La mayoría aplican estos versos a las finanzas, pero la verdad es que van más allá de lo material o económico. Dios promete que quienes dan generosamente recibirán de vuelta más de lo que dan. Él bendice a los que son bondadosos y generosos, ya sea en sus recursos o en darse a sí mismos. Y es de esto último, el darse a sí mismo, en lo que yo quiero enfocarme.

Por ejemplo: ¿cuánto tiempo regularmente dedicas a tu familia? (mujer e hijos). ¿Es mayor o menor que el tiempo que dedicas a los amigos de afuera? ¿Están tus hijos satisfechos con el tiempo que les das? ¿Cuándo estás con ellos, disfrutas de su compañía? ¿Ellos disfrutan de la tuya? ¿Cuál es el nivel de comunicación que tienes con ellos? ¿Crees que tu mujer o tus hijos te consideran su mejor amigo? ¿Cuándo alguno de ellos tiene algún problema, te busca a ti para que lo ayudes? ¿Tu familia es más feliz cuando tú estás con ellos o al contrario? ¿Cuánto tiempo inviertes fuera de casa?

Toda inversión que hagas para tu familia, te será ampliamente recompensada. No importa si es económica o física.

Veamos algunos ejemplos:

TU INVIERTES: RECIBES:

Dinero   Dinero: (Un día se invertirán los papeles y será tu hijo Quien te de dinero a ti)

Tiempo   Tiempo: (Se llegará el día en Que tu necesitaras que ellos te dediquen tiempo a ti)

Amor   Amor: (Todos necesitamos ser amados)

Amistad   Amistad: (Todos necesitamos de un buen amigo)

Compañerismo   Compañerismo: (quien Recibe esto nunca se sentirá solo, siempre tendrá un compañero Con quien platicar)

Atención   Atención: (siempre tendrás a alguien que este al cuidado de ti, en tus años difíciles)

Esfuerzo   Esfuerzo: (ellos siempre harán el esfuerzo para que nada te falte)

Pero recuerda que tienes que ser generoso en tu manera de invertir. Dar con generosidad es dar sin renegar, sin murmurar, y en una forma que se note tu inversión. Por ejemplo, cuando estás invirtiendo tiempo para ir a una junta de la escuela con tus hijos, nunca vayas con el tiempo limitado, ni exigiéndolo, diciéndole que se apure porque tienes cosas que hacer.

Ni empieces a regañarlo antes de ver las calificaciones. En vez de eso, mejor hazlo sentir bien, déjale saber que disfrutas el momento al estar con él a su lado.

Dile que te sientes orgulloso de que él esté esforzándose en estudiar y que tú estás dispuesto a ayudarlo en lo que él necesite. Cuando esté enfermo, ora con él, y si te pide ir al hospital, ve con él. No lo juzgues ni te burles de él llamándole «mariquita» o llorón. Mejor, reconoce que tú no puedes saber cómo él se siente y hazle saber que él puede contar contigo, en cualquier circunstancia. Cuando él quiera platicar contigo, préstale atención. «Los amigos siempre están dispuestos a escuchar a sus amigos.» Cuando él se sienta triste, dale consuelo. «Un amigo siempre sabe cómo consolar al amigo». Cuando él quiera jugar, juega con él. «Los amigos siempre comparten los mejores momentos juntos». ¡Compártelos con tus hijos!

Cuando tú les des a tus hijos lo mejor de ti mismo, ten por seguro que siempre tendrás al mejor amigo en casa.

«Es preciso que el buen amigo siempre esté presente cuando se le necesita».

La fábula

La fábula

Hay una fábula que cuenta la historia de dos muy buenos amigos, más o menos al estilo del Chóforo y yo... Presta atención y ojalá que entiendas la moraleja de la historia. Tómate tiempo para meditar y reflexionar acerca de la amistad que existe entre los miembros de tu familia y tú, y busca hacer los cambios necesarios para poder formar una muy bonita amistad familiar.

Cuenta esta fábula que estos dos «buenos amigos» salieron juntos a pasear por el bosque.

Cuando de pronto les salió de entre los arbustos un enorme oso. Y uno de los amigos reacciona rápidamente y sale corriendo despavorido, dejando solo a su amigo, con aquel enorme oso.

Mientras tanto, el otro muchacho no encontraba qué hacer y recordó que los osos no comen carne muerta. Así que rápidamente se tiró al suelo y se hizo el muerto. Y el oso comenzó a acercarse lentamente hacia él, y cuando llegó hasta donde estaba el chico tirado en el suelo comenzó a olfatearlo por todos lados, mientras el otro amigo contemplaba la escena de lejos,

desde arriba de un árbol a donde había trepado rápidamente.

El otro chico estaba que se moría del miedo y procuraba no respirar para que el oso no se diera cuenta de que estaba vivo. Y después de unos instantes que al chico le parecieron eternidad,

el enorme oso se alejó sin molestarlo para nada. Y cuando ya el peligro había pasado, el joven que había huido llegó hasta donde estaba el otro chico aun en el suelo. Riéndose y en un tono de burla, le preguntó a su amigo:

-   ¿Qué fue lo que te contó el oso? Anda dime, ¿que secreto te dijo el oso?

A lo que el chico contestó con firmeza y en un tono de decepción:

-   Me dijo que nunca confiara en alguien que llamándose amigo sea capaz de abandonarlo, en el momento cuando más lo necesita.

Anónimo

Tienes que saber que la «amistad» no se dice, se demuestra.

Jesús dijo: «**nadie tiene mayor amor que este, que uno ponga su vida por sus amigos.**» (Juan 15:13) RV. ¡Imagínate que Jesús solo hubiera dicho «te amo» y no hubiera hecho nada más! ¿Cuál sería nuestra condición? Muerte espiritual. Pero no, Él no solo lo dijo, lo demostró, ofreciendo su propia vida.

En otras palabras, lo que los hijos verdaderamente esperan ver en ti es a un padre que se preocupe por ellos en toda circunstancia. Un padre que siempre esté dispuesto a luchar por sacarlos hacia delante. No un padre que en el primer conflicto quiera salir corriendo como el amigo de la fábula. (Algunos salieron corriendo al momento de enterarse del embarazo).

Nada les demostrara a ellos que de verdad quieres ser su amigo que el que ellos vean en ti el esmero que haces por estar siempre a su lado.

«El ungüento y el perfume alegran el corazón, y dulce para su amigo es el consejo del hombre.»(Proverbios 27:9) LBLA

¡Cuán agradable es una amistad sincera! ¡Nada hay que dé más ánimo que el saber que cuentas con alguien, que cree en ti!

«Ellos esperan ver en ti que les demuestres con hechos cuanto los amas».

¿Los amas al punto de dar tu vida por la de ellos? ¿0 en cuanto ves al oso sales corriendo?

Ya no es tiempo de pensar en ti, ahora piensa en ellos.

La Biblia enseña en 1ª Corintios 13:4 que el amor no busca lo suyo propio, y no es egoísta. RV

Cualquier padre que quiera ser un buen amigo de sus hijos ha de mostrarse amigo, como dice en Proverbios 18:24. RV

Y nunca olvides que «en todo tiempo ama el amigo y es como un hermano en tiempos difíciles». (Proverbios 17:17). **RV**

Cuando llegue el conflicto no huyas, como el amigo de la fábula dejando tu responsabilidad en los hombros de tu esposa. Recuerda que tu hijo un día crecerá y querrá saber quién es o quien fue su padre. ¿No te gustaría que ese niño recibiera una buena referencia tuya? Y que cuando él ya tenga uso de razón, él pueda ver y comprender el esfuerzo que su padre hizo por él. No huyas, enfrenta los conflictos, se hombre y resuélvelos.

Recuerda que hay muchos que se han negado a pagar el precio. No seas tú, uno de ellos.

Un consejero y confidente

Un consejero y confidente

«Donde no hay buen consejo, el pueblo cae, pero en la abundancia de consejeros está la victoria.» (Proverbios 11:14) LBLA.

Cuan terrible es el hecho de que muchas familias no cuentan en casa con un buen consejero que pueda dirigirlos con sabiduría y buenos consejos. La Biblia es clara cuando nos dice que el pueblo que no es bien dirigido, cae. Sin embargo asegura que donde existe un buen consejero que sepa guiarlo, ahí hay seguridad y los lleva a la victoria.

¿Te das cuenta? ¡Tu familia necesita de ti, de tus consejos! ¡Tú eres el indicado para poder hacerlo, nadie más! ¡Eres tu quien los puede conducir a la victoria! ¡Solo tú harás que triunfen en la vida!

Tus hijos esperan de ti que les des la confianza necesaria para que ellos puedan acercarse a ti.

Ellos necesitan ver en ti la confianza necesaria para poder contarte cosas que les están perturbando, cosas, que ellos al momento no alcanzan a comprender.

¿Sabes que a causa de no haber muchos consejeros en la casa el diablo nos está ganando a nuestros jóvenes?

¿Sabes que cuando tu hijo tiene una inquietud y no tiene la suficiente confianza para contártelo a ti, se lo contará a alguien más?

¿Sabes que esa persona puede aprovecharse de eso para abusar de tu hijo(a)?

¿Sabes que el hijo pasa mucho tiempo afuera, por la falta de comunicación en casa?

¿Sabes que el hijo buscará afuera lo que no tiene en casa?

¿Qué podemos hacer? Existe mucho por hacer ¡aun más cuando hay disposición de nuestra parte, para no dejar que nuestro hijo acuda a extraños en busca de ayuda, por el hecho de que no nos tienen confianza. ¡No, eso no va a suceder! Es tiempo de pelear con todo por nuestros hijos.

¡Vamos a demostrarles que no estamos dispuestos a perder su confianza!

¡Vamos a demostrarles que verdaderamente deseamos ser sus mejores amigos!

¡Creo sinceramente que aún nos queda mucho trabajo por delante!

¡Queda mucho por hacer!

¡Queda mucho por hacer!

En primer lugar, tenemos que ganar la confianza de nuestros hijos. Ya hemos hablado de la amistad, pero tenemos que reafirmar esa amistad, Teniéndonos confianza unos a otros.

Quiero decir que si tú quieres que tu hijo te tenga confianza a ti, tú tienes que confiar en él.

Si tú le dices «yo quiero que confíes en mí», pero tú no confías en él, no funcionará.

Quiero darte algunos ejemplos para que entiendas:

Muchas veces el hijo ha tratado de acercarse a nosotros para pedirnos algún consejo, pero en vez de dárselo le decimos: ¡No estés molestando, no tengo tiempo para oír tonterías!

Otras veces, cuando es una niña la que pide el consejo a papá, el padre la regaña y le dice: ¡yo no sé nada, esas son cosas de viejas, vaya dígale a su mamá!

Lo mismo sucede cuando el niño se acerca y nos confía algo que él cree que tiene que contarnos para que le ayudemos. Pero en vez de ayudarlo, lo regañamos, lo condenamos y lo descubrimos. ¿Te das cuenta de que hay mucho por hacer?

Es tiempo de empezar a construir el puente de la comunicación y dejar que nuestros hijos se acerquen a nosotros, sin el temor de ser rechazados, heridos, ni avergonzados. ¡Necesitamos sembrar en ellos una esperanza! ¡Que ellos crean que si podemos ser amigos! ¡Tienen que saber que pueden confiar en nosotros, sin ningún temor!

Cuando alguno de tus hijos se acerque a ti, escúchalo, y no lo perturbes hasta que haya terminado. No importa si lo que te va a decir es algo que tú consideres importante o no. Cuando sea algo confidencial, no lo cuentes a nadie., aunque a ti té parezca que no es algo serio. Si es un hijo del sexo opuesto el que se acerca a ti para que lo ayudes, ¡ayúdalo! No te pasará nada. Saca ya ese morbo de tu cabeza y olvídate del qué dirán.

¡Renueva tu mente! Se trata de tu hijo(a). ¡Nadie podrá aconsejarle mejor que tú! Tal vez tu esfuerzo hasta el día de hoy ha sido para dejarle una buena cantidad de dinero como herencia, pero te aseguro que más que el dinero u otros bienes que tú le puedas dejar, son los consejos sabios de un padre los que le harán más bien a tu hijo.

Los consejos sabios de un padre durán para toda la vida. Aun cuando ese padre ya no está a nuestro lado, ellos siguen viviendo muy cerca de sus hijos, a través del recuerdo de esos sabios consejos.

La sabiduría de Salomón fue notoria en todo el mundo hasta el día de hoy. Pero lo que a mí en lo personal me impacta más no es su sabiduría si no el origen de dicha sabiduría. Sé que la mayoría cree y piensa que esa sabiduría se la dio Dios y que Salomón de la noche a la mañana fue el hombre más sabio del planeta tierra. Pero fíjese que yo no estoy de acuerdo y le explico por qué. Primero porque Dios no es un genio que sale de ninguna lámpara a la hora que lo decimos para cumplirnos tres deseos. Ni tampoco es una hada madrina, ni tiene varita mágica, que al tocar con ella automáticamente recibimos lo que pedimos. Dios no es un mago ni hace magia

«Y **si alguno de vosotros tiene falta de sabiduría, pídala a Dios, el cual da a todos abundantemente y sin reproche, y le será dada.»** (Santiago 1:5) RV.

Yo creo verdaderamente que Dios da la sabiduría, pero no en la forma que muchos piensan, sino en la forma que realmente sucede. Por ejemplo, en los textos que siguen Santiago habla acerca de las condiciones que estas personas que pidan sabiduría a Dios deben de cumplir.

1. tiene que ser con fe
2. sin dudar
3. tiene que ser firme y sin dobles (como está en Santiago 1, versos 6, 7 y 8).

Concretamente, el verso siete aclara que quien no cumpla con estos requisitos no recibirá nada: «**no piense pues el que no cumpla que recibirá algo de parte del señor, porque no recibirá nada.**»

Del mismo modo, Salomón no fue el hombre más sabio porque Dios dijo: «serás el hombre más sabio del mundo». No, fue porque él contó con la dicha de tener un padre que le supo dar buenos consejos. Y a pesar de que David fue un hombre de guerra, un rey con grandes ocupaciones, él siempre saco tiempo para aconsejar a su hijo sobre como conducirse por la vida. Y esto lo hizo hasta con el último aliento de su vida, lo cual se muestra en la Reyes 2:1-9.

David ya estaba próximo a morir, así que le dio estos consejos a Salomón, su hijo, diciéndole que se comportara como un verdadero hombre y que obedeciera a Dios, porque esa era la clave para que le fuera bien aquí en la tierra. ¡Aquí está la clave!

La Biblia enseña que Salomón fue un hombre muy próspero en todo y que su sabiduría y sus riquezas fueron inmensas en toda la tierra.

Más adelante, en la Reyes 10:1-7, la reina de Saba se enteró de la fama de Salomón y vino a conocerlo para ver si era cierto lo que dé él se decía, y cuando lo vio y escucho le dijo: ¡todo lo que escuché en mi país acerca de tus triunfos y sabiduría es cierto! La fama de Salomón se extendió por todo el mundo hasta el día de hoy.

Pero, ¿qué tiene que ver esto con lo que estamos hablando?, ¿qué tiene que ver la fama de Salomón con el ser el consejero de mis hijos? ¡Mucho! ¿Qué no te has dado cuenta de que la fama de la Sabiduría y riquezas de Salomón, se debio en gran parte a los consejos que le dio su padre? ¡David le enseñó la clave del éxito! Le dijo: «si obedeces, si tomas en cuenta a Dios en todos tus caminos, si guardas su ley, entonces serás prosperado.»

Te fijas que no fue como muchos piensan, que la sabiduría de Salomón fue de la noche a la mañana. No, esto viene desde su niñez, de ver cómo su padre se conducía delante de Dios, de recibir consejos de un padre que conocía ya la clave del éxito y el principio de la sabiduría.

Por eso Salomón, tomando el ejemplo de su padre, hace lo mismo con sus hijos, los empieza a enseñar y a darles la clave del éxito, **«para adquirir sabiduría.»** (Proverbios 1:2) RV.

El principio de la sabiduría es el temor de Dios. Salomón está diciendo como pueden los hijos encontrar la sabiduría, y es él quien recomienda el estudio de la ley de Dios para poder ser sabios. Mira lo que dice: «**Cuanto más sabio fue el Predicador, tanto más enseñó sabiduría al pueblo; e hizo escuchar, e hizo escudriñar, y compuso muchos proverbios. Procuró el Predicador hallar palabras agradables, y escribir rectamente palabras de verdad.**» (Eclesiastés 12:9-10) RV.

Aquí nos dice que Salomón no se hizo sabio por haber hecho una oración pidiendo sabiduría y quedarse después sentado hasta recibirla. ¡No! Aquí dice que él se preocupó por encontrar, investigar, palabras y componer proverbios. «Dios da la Sabiduría a aquellos que la buscan». Creo que con esto te demuestro que la Sabiduría de Salomón no vino por arte de magia, ni la recibió de la noche a la mañana, sino que todo fue un proceso en el que jugó un papel importante su padre David, quien fue el que le enseñó la llave del éxito: El temor a Jehová.

¿No crees que sea hora ya de que tú también les enseñes a tus hijos la llave del éxito?

¿Cómo quieres que tu hijo sea un sabio si tú no le enseñas?

David ya había gobernado por 40 años, por eso ahora que Salomón iba a tomar posesión de ese reinado, David contaba con la experiencia necesaria para decirle a su hijo, cómo debía hacer para que le fuera bien en su reinado. Y lo hizo, ¿y tú? ¿Ya le has dicho a tu hijo como enfrentarse a este mundo tan difícil? Tómate un tiempo para reflexionar y digerir todo esto.

¿Por qué muchos hijos no confían en sus padres? Cuando el niño ha sido herido o defraudado por sus propios padres, es muy difícil que el niño pueda confiar en ellos. Para el chico es más fácil acercarse a alguien fuera de casa, que a sus propios padres.

Cuando hay desilusión, confusión y malos entendidos, es ahí donde el enemigo toma el control.

Cuando no te has sabido ganar la confianza del niño, es difícil que él te tome como su confidente o consejero. Cuando han sido abusados dentro de casa, quedan secuelas de desconfianza. ¿Cómo se puede confiar en el que te abusa? ¿Crees que es fácil confiar en alguien que se la pasa gritándote u ofendiéndote todo el tiempo? ¿Tú buscarías consejo en alguien que te ha humillado y ofendido? ¿Usarías como confidente a alguien que ha defraudado tu confianza?

Todas estas interrogantes son con el propósito de hacerte entender por qué muchos hijos no pueden confiar en sus padres y menos usarlos de confidentes. Por eso, cuando ellos necesitan de un consejo paterno, lo piensan mucho antes de acercarse para pedirlo.

¿Recuerdas del ejemplo de David? ¿Qué hizo él? ¿Es difícil para ti, hacer lo mismo? ¿Te gustaría intentarlo?

Hay un joven, amigo de mi hijo mayor, quien en una ocasión pasó a dar gracias por su padre y este joven de dieciséis años dijo lo siguiente: ¡Doy gracias a Dios porque ahora tengo una familia! ¡Antes no tenía un padre, pero ahora tengo uno! Cuando él dijo esto, yo pensé que se refería a la iglesia como su familia y a Dios como su padre. Pero el joven prosiguió con su acción de gracias y explicó. Antes mi padre era muy borracho, su familia no existía para él. Solo vivía para su vicio. Cuando estaba en casa, no nos ponía la atención que yo esperaba de él. Al contrario, era violento con todos.

Todo este tiempo viví esperando una señal de que yo existía para él, deseaba poder platicar con él, quería decirle que lo necesitaba. Pero creo que él necesito más de nosotros. Necesite mucho de sus consejos, pero nunca pude acercarme a él. ¡Ahora es diferente! ¡Cristo lo ha cambiado! ¡Ya no toma licor! Y ahora sé que sí somos parte de su mundo. ¡Ahora, él tiene tiempo para todos!

Tal vez tú digas ese no es mi caso, porque gracias a Dios no tomo, yo voy a la iglesia, yo soy muy religioso. Déjame decirte que, precisamente, ese es el problema de por qué muchos jóvenes no pueden acercarse a sus padres o viceversa. Porque son padres que se la viven metidos todo el día en la iglesia y en actividades que se olvidan totalmente de su familia y ponen como excusa que es porque están ocupados en los negocios de Dios. Otros; se la pasan trabajando todo el tiempo y nunca están para atender a su familia.

Hay quienes trabajan hasta dos turnos, porque según dicen con uno no les alcanza. Y por eso sus hijos, desde pequeños, crecen al cuidado de otras personas ajenas a ellos, a las cuales con el tiempo les tendrán más confianza que a los padres. Existe una falsa idea de que si no trabajamos duro con mucho tiempo extra, o con doble turno, no alcanzará para los gastos.

Yo he podido comprobar que eso es totalmente falso y una trampa del diablo, para destruir a toda la familia.

Por algún tiempo, yo trabaje en una bodega donde se procesan las papas fritas para las hamburguesas. Y en ese trabajo había tres turnos; de día, tarde y noche. Y se hacia el cambio cada dos semanas, el trabajo era año redondo. Pero aparte de eso, mi trabajo consistía en mantener la planta totalmente limpia, y para eso tenía que trabajar también los fines de semana, sábados y domingos, ganaba bastante bien.

Al mismo tiempo, mi esposa tenía su trabajo en otra bodega en la cual entraba a las 7:00 am y llegaba a casa a las 9:00 pm... a veces a las 10:00pm. Como ven, había suficiente entrada de dinero. Ella también ganaba bien. Pero, ¿cómo estaba nuestro hogar en ese entonces?

El dinero no es la felicidad

El dinero no es la felicidad

Déjame contarte pues ese tiempo fue el peor de todos en nuestro matrimonio. Porque a pesar de que teníamos muy buen trabajo cada uno de los dos, no nos teníamos el uno al otro.

Cuando yo salía del trabajo, ella entraba, cuando yo entraba, ella salía. En otras palabras, no nos veíamos, no había tiempo para nosotros. Nuestra relación se fue enfriando al grado del fastidio del uno al otro.

En la casa no había nunca comida hecha para los niños. El aseo casi no se hacía... no había tiempo. Tanto yo como mis hijos, no estábamos bien atendidos. Pero eso no quiere decir que yo no tenía culpa alguna o que me esté recargando en mi esposa, no, al contrario. Yo también contribuí a todo ese caos que existía en ese entonces.

Recuerdo que mis hijos tenían ganas de vernos, pero cuando se acercaban para estar un momento con nosotros, los regañábamos, porque estábamos muy cansados y necesitábamos dormir, no queríamos que nos molestaran.

En los fines de semana, cuando los niños no iban a la escuela y tenían que quedarse en casa, era muy duro para ellos, porque yo había trabajado de noche, en un turno donde se entra a las 11:00 pm y se salía a las 7:30 am. Por eso, a la hora en que ellos se iban levantando yo me tenía que acostar. Y en vez de compartir un momento con ellos, me iba a dormir.

Como pueden ver, el trabajar muchas horas no nos ayudó en lo más mínimo Al contrario, casi destruyó nuestro matrimonio. Porque ya no había comunicación entre mi esposa y yo, ella tenía sus amistades en su trabajo, gente con la que si se comunicaba y con quien compartía la mayoría del tiempo, y a mí me pasó lo mismo. Perdí totalmente la comunicación con mi esposa, pero en el trabajo empecé a tener muy buena comunicación con mis compañeras de trabajo y en vez de ser mi esposa mi mejor amiga, mi confidente o mi consejera, eran otras mujeres, quienes escuchaban mis quejas.

Esto por supuesto trajo consecuencias, despertaron los celos de mi esposa quien ya no confiaba en mí, para nada. También yo estaba en la misma situación, pues yo le reprochaba, por qué llegaba tan tarde noche, le decía que nos tenía abandonados a sus hijos y a mí. Yo le pedía que dejara ese trabajo para que nos atendiera, le decía que con lo que yo ganaba era suficiente. Pero ella se negó.

Nuestro hogar era un caos, ya para entonces se había perdido el respeto del uno al otro, la confianza, el amor, la amistad, la comunicación y el compañerismo, dentro del vínculo familiar.

Recuerdo que cuando llegaba a la casa y nos topábamos con mi esposa, en vez de darnos gusto porque al fin concordábamos en los horarios de trabajo y en vez de aprovechar ese momento para estar juntos y compartir con nuestros hijos, ella me decía que ya no me soportaba, que por qué no me largaba de la casa. En vez de decirme que me amaba, me decía que me odiaba.

No voy a contar todos los detalles por no salirme mucho del tema, pero quiero decir que todo esto nos llevó a una separación, que por poco termina con nuestro matrimonio. Quiero decirles que esa fue una de mis más amargas experiencias dentro del matrimonio, pero también me sirvió de estímulo para que me animara a escribir este libro. Pues cuando yo estaba en medio de este mar de problemas, yo buscaba a alguien en quien confiar, para poder acercarme y contarle todo lo que me estaba pasando, pero no encontré a nadie. Mi pastor nunca me dio esa confianza que yo necesité en ese entonces.

Mi padre estaba en una situación peor que la mía. Nunca supo cómo manejar su hogar. Y cuando voltee a mí alrededor para buscar a un consejero de confianza, no lo pude encontrar.

Quiero terminar diciendo que en la iglesia que yo pastoreo, tengo una pareja que su prioridad es el ganar dinero. Él trabaja manejando un tráiler y ella en bodegas que procesan la fruta y vegetales. Pero ellos también tienen un hijo de dos o tres años, al cual tienen en el olvido, pues él casi no está en su casa por causa de su trabajo y cuando está es para dormir, no hay tiempo para el niño.

Ella es una persona que sigue los trabajos y si puede trabajar dos turnos los trabaja, así que el niño se la pasa la mayor parte con la persona que lo cuida. Y a pesar de que tal vez ellos tengan una cuenta en el banco aceptable, lo que no es aceptable es lo que están haciendo con su pequeño hijo. Pues el niño es muy rebelde y grosero para la corta edad que él tiene.

Cuando su papá o su mamá lo regañan o le tratan de evitar algo, el niño los cachetea y no les tiene miedo. Es una lástima el ver a ese niño tan malcriado. ¿Por qué? Porque un niño malcriado en vez de caer bien, cae mal. Quiero decir que, en mi opinión, el niño no tiene la culpa, pues él se siente abandonado. Y su actitud es una señal que él está enviando a sus padres para darles a saber que él necesita más atención de ellos. Porque la necesidad más grande de todo niño no es el dinero o lujos que tú les puedas dar. La necesidad más grande en un niño es la de sentirse amado, comprendido, y el que ellos tengan la confianza plena de acercarse al padre cuando ellos lo necesiten.

En otras palabras, no es dinero, ni lujos, es «atención», que les hagas caso, que le des tiempo para que él pueda disfrutar de tu compañía. El niño siempre estará y crecerá más contento con la compañía y atención personal de papá y mamá, que todos los lujos que tú le puedas ofrecer.

Las dos cosas son muy diferentes y no tienen comparación.

Quiero aclarar que esto que yo escribo aquí sobre este pequeño ya lo he tratado con sus padres, ahora, ellos tendrán que tomar cartas en el asunto.

Con qué razón la Biblia expresa que «**La raíz de todos los males es el amor al dinero.**» (1a Timoteo 6:10) RV. Jesús dijo en una ocasión: «**que aprovecha al hombre si ganare todo el mundo y pierde su alma en el infierno.**» (Marcos 8:36) RV. Ahora yo te pregunto, ¿de qué te sirve ganar todo el oro del mundo y por causa de eso perder a tu familia? Por causa del descuido, por andar ganando el mundo...

Pablo nos exhorta a estar contentos con lo que tenemos, a que no seamos ambiciosos. Pues advierte que eso acarrea muchos dolores de cabeza. «**Así que, teniendo sustento y abrigo, estemos contentos con esto, porque los que quieren enriquecerse caen en tentación y lazo, y en muchas codicias necias y dañosas, que** hunden a los hombres en destrucción, y perdición. **Porque raíz de todos los males es el amor al dinero, el cual codiciando algunos, se extraviaron de la fe, y fueron traspasados de muchos dolores.»** (1a Timoteo 6:8 al 10) RV.

Creo definitivamente que no vale la pena exponer a nuestros hijos por la ambición de tener muchas comodidades, porque al fin de cuentas no creo que puedas dormir tranquilo aunque tengas una cama King Size, que sea hecha de madera de cedro, y que tenga colchones a control remoto que se adapten a como tú quieras, y que en el momento en que te dispongas a dormir vengan a tu mente el recuerdo de tu hijo, que tú no sabes en ese momento dónde está, porque se ha ido a la calle por falta de atención. Porque cuando él necesita de ti, tú no estás para ayudarlo, porque estas muy ocupado. Que no te caiga de raro que vaya y busque ayuda en otra parte.

¿Crees que podrías, en verdad, disfrutar de una suculenta cena, en un comedor de lujo, cuando en tu casa no hay paz ni armonía? ¿Tendrías tú la suficiente paz en una casa llena de lujos e hieleras cargadas de comida, closets llenos de ropa, pero que a la hora de la comida, cada quien come donde le da la gana (afuera por separado) y el lujoso comedor solo?

Ahora quiero aclarar que no estoy, de ninguna manera, en contra de que los padres trabajen para sustentar a los hijos y poder gozar de una estabilidad económica mejor. ¡Al contrario! Porque eso lo traté en el primer capítulo, donde recalqué que es al padre al que le corresponde la tarea de proveer para los hijos.

A lo que yo me refiero es a que todos los padres deberíamos de sentar nuestras prioridades y procurar que la primordial en lo referente al trabajo, el dinero, y los hijos, siempre escojamos a nuestros hijos como la principal.

El trabajo es esencial para vivir dignamente y la Biblia dice que «**el que no trabaje que no coma.**» (2 Tesalonicenses 3:10 RV). Pero también la Biblia nos aclara que «**para todo hay tiempo.**» (Eclesiastés 3:1- 8 RV).

Volviendo al tema

Volviendo al tema

Quiero otra vez retomar el tema de la amistad, la confidencialidad, y el consejero.

Como puedes ver, si te ocupas tanto y no prestas atención a tus hijos. No puedes esperar a que algún día tú puedas escuchar de labios de tus hijos lo siguiente:

«Mi papá es mi mejor amigo»

«Mi papá es mi confidente, puedo confiar en él, con los ojos cerrados»

«Sé que en cualquier momento que lo necesite, papá esta para ayudarme»

«Sé que él puede darme un buen consejo»

«Sé que si le cuento "esto" no se va a burlar de mí, ni me va a avergonzar, si no que me va a entender»

¿De verdad, a poco no quisieras escuchar estas palabras de boca de tus hijos? ¡Qué bueno es tener un padre que te entienda! «Que pueda platicar contigo sin gritarte, ni ofenderte»

«Yo sé que tengo un buen amigo en el cual puedo confiar» Él es mi «padre».

¿Apuesto a que te gustaría escuchar esto de labios de tus hijos? Sé, aunque no lo digas, que te sentirías orgulloso de poder tener un hijo que hable bien de ti. Pero eso se siembra... **«el hijo sabio alegra al padre, pero el hijo necio es tristeza de su madre.»** (Proverbios 10:1) RV.

Quién no quisiera tener un hijo sabio y entendido, pero no creas que eso es un caso imposible porque no lo es. Si la Biblia lo menciona es porque es posible. Aun yo mismo soy testigo de eso, porque a mis hijos los trato más como amigos que como hijos. Y ellos también a mí, se me acercan más como amigos que como padre e hijos. Y esto para nada me ofende o me hace sentir mal. Al contrario, me llena de orgullo el poder contártelo. Por qué deseo que veas que por difícil que parezca es posible!

Todos quisiéramos tener unos buenos hijos, que nos den honra en vez de vergüenza. Por eso mismo, yo les exhorto una vez más, a que nos esforcemos por ganarnos la confianza de nuestros hijos, nadie será mejor amigo de ellos que tú, o yo, sus propios padres. Nadie les guardará sus secretos mejor que sus padres, nadie podrá darle un mejor consejo que tú mismo. Piénsalo, medítalo, y créelo.

De lo qué se perdió mi padre

De lo qué se perdió mi padre

Recuerdo que cuando la hermana que me sigue creció y fue una adolescente, y tuvo su primer novio, fue a mí a quien ella acudió para pedir el permiso para que ese joven la visitara a la casa, y fui yo quien tuvo el privilegio de hablar con mi hermana, y aconsejarle sobre los riesgos de no llevar un noviazgo responsable. Y siendo yo también un adolescente, pude tener ese privilegio de conocer el primer novio de mi hermana y a la cual le llevo solo con dos años.

¿Qué fue lo que pasó aquí? ¿Porque mi hermana no fue a pedir el permiso a mi papá?

No éramos huérfanos… Ni somos, gracias a Dios. ¿Por qué no le tomó a nuestro padre en cuenta? ¿Estaría yo usurpando un lugar que no me correspondía?

Quiero decir que yo no usurpé nada, pues fue algo que mi padre olvido o tiró literalmente a la basura, o que tal vez nunca le prestó la atención debida. Yo solo tomé algo que él había dejado.

Asumí una responsabilidad que él no tomó.

Quiero explicar algunas de las razones por las cuales creo que mi hermana no buscó a mi padre para pedirle permiso a el de tener novio:

1. Mi padre no estaba en casa en ese tiempo Él tenía por costumbre perderse hasta por tres meses y fue en una de esas ocasiones, en las que mi padre andaba fuera de casa, cuando mi hermana conoció a su primer novio.

2. Mi padre no supo cultivar una amistad con ninguno de sus hijos. Por eso mi hermana no tuvo la confianza de buscarlo a él, de para pedirle ese permiso. Y aunque él hubiera estado en casa, creo que las cosas hubieran sido iguales. Tal vez mi padre nunca se dio cuenta cuando sus hijos dejaron de ser niños y se convirtieron en adolescentes. Porque nunca estuvo ahí!

3. Mi padre dejó pasar el mejor tiempo de todos. ¿Cuál es ese tiempo? Cuando tus hijos están pequeños y todo te cree. Cuando para ese pequeño no existe nadie mejor que su padre.

Cuando eres tú el héroe favorito de tus hijos. Cuando ese niño vive en un mundo color de rosa, porque él todavía no alcanza a comprender bien las cosas y aunque todo sea de un color diferente, él lo sigue viendo color de rosa.

Debes saber que si tú no logras ganarte la confianza de tus hijos en este tiempo, creo que te será muy difícil que lo consigas después. Por eso mismo, te invito a que ya no pierdas más tiempo, corre y busca a tus hijos y empieza a ganarte su amistad, y cuando hayas logrado ganarte su amistad, habrás ganado también su confianza, y cuando hayas ganado su confianza, entonces tú te habrás convertido, sin darte cuenta, en su confidente, y lo mejor de todo, en su consejero.

Si logras esto, tus hijos siempre tendrán a su mejor amigo dentro de su casa. Mi hermana no fue la única que me tomó en cuenta para pedirme un consejo en vez de acudir a mi padre, mis hermanitos más pequeños comenzaron a tomarme un respeto, de tal modo, que me obedecían más a mí, que a mi padre. Yo tenía autoridad para regañarlos y aun para pegarles, cuando lo necesitaban. Incluso, mi hermano más pequeño, me llamaba papá. Porque el nació bajo mi tutela, porque mi padre no estaba en casa y por cinco años estuvo desaparecido y mi hermanito no conoció más padre que a mí, para él yo era su padre.

Fue mucho el tiempo que mi padre se desentendió de nosotros y cuando él por fin se dio cuenta de que tenía una familia, (esto fue después de que se entregó a Jesús), y trató de que las cosas fueran como debieron de ser desde el principio, mi padre se llevó una desagradable sorpresa. Porque las cosas no iban a ser tan fácil para nadie, porque todos nos habíamos acostumbrado a una vida sin él.

Por ejemplo, mi madre animó a salir adelante sin un hombre a su lado, en quien ella se pudiera apoyar cuando lo necesitara y sin un esposo que viera por las necesidades básicas de sus hijos.

Por eso, cuando mi padre volvió a casa tratando de que las cosas fueran diferentes, no encontró un camino tan suave como él lo esperaba, porque mi madre estaba llena de resentimiento y dolor.

Lo mismo pasó con mis hermanos cuando mi padre trató de retomar esa tarea, de ser un padre y líder del hogar, quiso luego imponer sus reglas y exigió que mis hermanos lo respetaran y quería que ellos se sometieran a su liderazgo y reconocieran su autoridad. Cosa que no sería tan fácil, porque ellos no estaban acostumbrados a su liderazgo y él no tenía la experiencia de saber cómo tratarlos. Por eso, luego chocaron y no se logró al principio lo que él quería. Ellos también estaban heridos y confundidos.

Para mí tampoco fue nada fácil estar en el hogar con mi padre, como líder de la casa. Fue muy difícil en el sentido en que él nunca supo ser o, mejor dicho, nunca fue la cabeza del hogar que la Biblia enseña que todo padre debe de ser. Por eso mismo, yo había tomado esa responsabilidad que él no quiso, o no supo asumir. Por eso, cuando surgía algún conflicto dentro del hogar, mis hermanos o mi madre siempre acudían a mí, para que yo lo resolviera.

Y esto no le agrado a mi padre y empecé a entrar en conflicto con él porque me decía que yo le estaba quitando su autoridad, que él quería ser ahora quien dirigiera el hogar, que lo dejara ejercer su autoridad.

De lo que mi padre no se había dado cuenta es de que esa supuesta autoridad que el reclamaba, él, ya la había perdido desde hacía mucho tiempo. Y no era yo quien se la había robado ni quien se la tenía que devolver, él había sido quien la había perdido, por lo tanto, era él quien la tenía que volver a buscar. Y eso le iba a costar, no sería nada fácil, porque la autoridad no se impone, se gana. Mis hermanos no se sometían a mí porque yo se los exigiera, sino porque ellos reconocían en mí una autoridad que yo me había ganado en mi trato personal con cada uno de ellos, quienes habían visto el esfuerzo que mi hermana la mayor y yo hacíamos para sacarlos adelante.

Una bonita amistad surge de un compañerismo de años de haber compartido juntos diferentes etapas de la vida, en las cuales trabajamos y nos esforzamos juntos para salir adelante. La confianza se logra después de haber estado siempre al lado de la persona que tanto amamos y que sabemos que nadie podrá atender mejor que nosotros mismos. Especialmente, cuando esa persona ve que siempre se trata de una ayuda incondicional, en el momento que se requiere. La confianza, el amor, y el respeto se ganan con mucho tiempo y dedicación hacia la persona con quien tú compartes, no solo tu dinero, sino tus emociones, tus tristezas, tus proyectos, tus planes, en los cuales ellos están incluidos. Concentra siempre tu esfuerzo a favor de los que más amas en esta vida. Trata de conquistar paso a paso cada área en la vida de ellos:

- La confianza.
- El respeto.
- El amor.

Cuando lo logres serás el amigo, el confidente, y el consejero que ellos necesitan.

Capítulo 6

Un pastor que viva lo que predica

Un pastor que viva lo que predica

Dios es un Dios muy sabio y muy detallista, se preocupa por dejar bien entendido cualquier asunto que pudiera ser de suma importancia, como lo es en este caso las normas de conducta del varón de Dios, que es puesto al frente de un rebaño. A través del Apóstol Pablo nos muestra muy bien cómo debe ser la conducta del pastor (obispo, apóstol, anciano, asistente o cualquiera que sea tu cargo).

Quiero iniciar este capítulo desde la perspectiva pastoral porque yo también soy pastor. Por esa razón quiero dirigirme a los colegas con todo el respeto que cada uno merece y voy a redactar este capítulo basado en los principios que la palabra de Dios nos enseña sobre este asunto y también en la experiencia que los años de servicio me han brindado como pastor, conferencista matrimonial, y como padre, esposo, e hijo.

Son muchos los líderes espirituales que han cometido una cantidad de errores con el pueblo de Dios y han dañado no solo a la Iglesia, si no también a su propia familia haciendo mal uso del privilegio que se les ha confiado. Esa es la razón por la que decidí escribir este capítulo para los que tenemos un cargo o responsabilidad en nuestros hombros. Porque por causa de malos administradores, el Evangelio está siendo ridiculizado y la credibilidad en los líderes espirituales ha menguado mucho. Por causa de líderes que no han mostrado seriedad e integridad en la ejecución de su labor pastoral o ministerial.

Espero que leer este capítulo sirva para producir en ti el deseo de ser un líder que motive a creer en Dios y te lleve a desear ser el líder que motiva e impulsa al pueblo, a confiar en hombres santos, capaces de guiar al pueblo en estos días difíciles. Existe una gran necesidad de hombres santos en los cuales el pueblo pueda confiar y entender que, así como hay malos administradores, también existen hombres de Dios dispuestos a guardar sus vidas en un buen testimonio, dando honor y honra a aquel que los llamó.

También quiero motivarte a que seas un mejor esposo y un mejor padre de familia, capaz de motivar a tu esposa e hijos a sentirse orgullosos de ti. «**Exhorta asimismo a los** jóvenes a que sean prudentes; **presentándote tú en todo como ejemplo de buenas obras; en la enseñanza mostrando integridad, seriedad, palabra sana e irreprochable, de modo que el adversario se avergüence, y no tenga nada malo que decir de vosotros.**» (Tito 2:6-8) RV. Hay un dicho que dice: las palabras convencen, pero el ejemplo, arrasa.

¡Tus hijos necesitan más que palabras!

Pero, veamos qué nos dice la palabra de Dios para el hombre de Dios.

¿Cómo es el hombre de Dios?

¿Cómo es el hombre de Dios?

La Biblia nos muestra cómo debe de ser el pastor u «Hombre de Dios» En Tito 1:5 al 9 nos revela el gran interés del apóstol Pablo, por educar a los líderes de la Iglesia primitiva para que fueran dignos representantes de la causa de Jesucristo, su Señor y salvador. La carta de Pablo estaba dirigida a Tito, alguien de toda su confianza y en el verso 5 revela el propósito de dicha carta y el propósito de esta carta era el de que Tito, el hombre de su confianza pudiera establecer pastores en cada ciudad y el Apóstol le da las instrucciones y requisitos que cada pastor, obispo o líder debería de cumplir.

Como este capítulo está dedicado a gente que conoce las escrituras, me voy a ir directo al grano aclarando que me estaré enfocando en el pastor, pero la palabra de Dios es para todos y los mismos requisitos que Dios da para el pastor, los da también para el apóstol, evangelista, pastor, maestro, profeta... o cualquier otro. Aun si tu función no está entre los dones ministeriales, los requisitos siguen siendo los mismos. Aun si no tuvieras ningún cargo dentro de la Iglesia, siguen siendo los mismos.

Es triste decir esto, pero voy a decir las cosas como son; me refiero al hecho de que muchos de los Cristianos viejos (digo viejos y no maduros, porque yo considero la madurez muy por encima de ser viejo en años). Ya conocen estas escrituras y todas aquellas que hablan sobre el carácter cristiano y de cómo debe ser su conducta ante la sociedad. Pero aun así las pasan por alto. Ya muchos no quieren hablar sobre los requisitos para el liderazgo.

Esa es la razón por la que cuando se eligen a los candidatos para ejercer alguna función dentro de la iglesia, o algún comité, no se les exige ningún requisito, ni se le enseña de la gran responsabilidad que hay al formar parte de dicho liderazgo. Porque muchas veces, lo único que buscan es que esa persona se quede en su iglesia, de manera que lo único que están buscando es el retener a dicha persona. Esa es la razón por la cual no se preocupan en investigar sobre la conducta y buen testimonio de dicha persona. Lo único que están buscando es llenar su iglesia.

Aun, las grandes denominaciones, lo único que quieren es el tener a los más destacados predicadores, aquellos que impresionan con sus palabras elocuentes, aquellos que son todo un espectáculo visual a la hora de ministrar.

¿Por qué estoy diciendo esto? ¿Qué tiene que ver este asunto con el ser un buen pastor dentro y fuera de mi casa? Tiene que ver mucho, pues de ahí se derivan todos los males que estaremos tratando en este capítulo. No quiero señalar el mal sin mostrar su origen. Mi intención no es el seguir escarbando la llaga sino, sanarla. Por eso, cuando digo que así es como surgen los malos lideres dentro de las iglesias, conferencias y denominaciones. Es para que pongamos atención y comencemos a trabajar en mejorar el sistema de liderazgo.

Es para que ya no escojan al que acaba de llegar solo porque quiero retenerlo. Tampoco porque es el que más diezmo da, y hay que tenerlo contento para que no se vaya de la iglesia. Ni tampoco a aquel que sabe hablar, pero que no sabe lo que es el buen ejemplo, ni el buen testimonio. ¿Usted cree que si se aplicaran estas bases bíblicas a todo tipo de liderazgo estaría la iglesia como está? ¿Te has dado cuenta de que la credibilidad de la iglesia se ha ido perdiendo con el paso del tiempo? ¿Cuál crees tú que sea la razón?

¡Creo que es hora de ser sinceros y honestos! ¡No podemos seguir haciéndonos de la vista gorda! ¡Tenemos que agarrar el toro por los cuernos! Necesitamos volver a los principios básicos para todo liderazgo, donde existen normas estructurales, éticas y ministeriales que deben de ser tomadas en cuenta si es que se quieren obtener buenos resultados en la empresa que estemos representando.

Por su puesto, el éxito y el fracaso de toda empresa se debe en un alto porcentaje al desempeño de sus líderes corporativos, que son los encargados de que la empresa funcione como debe de funcionar. Tenemos que volver a las bases y principios que deben estar funcionando en toda empresa que suene con el éxito y bienestar de su corporación.

Veamos de qué se trata, tómate un respiro y voltea tu hoja para que sepas de qué se trata.

¡Dios quiere restaurar las bases de su iglesia! ¡Dios quiere que su Iglesia vuelva a ser lo que fue al principio! Una Iglesia con principios, con bases, con integridad, con líderes que sean ejemplo en conducta, integridad y santidad.

Principios Bíblicos para cualquier liderazgo: ¿Sabes por qué se ha ido perdiendo la credibilidad en la Iglesia? Porque no se han sabido aplicar los principios bíblicos dentro del liderazgo.

Estos son principios que la Iglesia primitiva tenía muy en cuenta. Veamos algunos ejemplos: los diáconos cuando fueron elegidos... se buscaron personas que fueran responsables, con un muy buen testimonio, y llenas del Espíritu Santo.

«Los diáconos asimismo deben ser honestos, sin doblez, no dados a mucho vino, no codiciosos de ganancias deshonestas; que guarden el misterio de la fe con limpia conciencia. Y éstos también sean sometidos a prueba primero, y entonces ejerzan el diaconado, si son irreprensibles. Las mujeres asimismo sean honestas, no calumniadoras, sino sobrias, fieles en todo. Los diáconos sean maridos de una sola mujer, y que gobiernen bien sus hijos y sus casas. Porque los que ejerzan bien el diaconado, ganan para sí un grado honroso, y mucha confianza en la fe que es en Cristo Jesús.» (1a Timoteo 3:8-13).

Si te fijas bien te darás cuenta de que para poder ejercer un diaconado primero se ponía a prueba al candidato, esto era para saber si no había nada en su contra, y solo después de esto se les elegía como diáconos. Pero siempre se buscó que estas personas cumplieran los requisitos necesarios. Por esa razón, cuando los apóstoles vieron la necesidad de reclutar más personas para que les ayudaran en el trabajo de la iglesia:

1. No buscaron al primero que dijo: es que yo siento que este es mi don.
2. No buscaron al más viejo, al que tenía más años en la iglesia.
3. No buscaron al que ofrendaba más. Eso sería soborno.
4. No eligieron al hijo de ningún apóstol, ni al que tenía más palancas.
5. No escogieron al que se veía más espiritual. Las apariencias engañan.

6. Tampoco al joven más popular de la congregación. «No se trata de una campaña política para que fuera una elección popular»

7. Tampoco escogieron al que tenía más credenciales, ni estudios seculares, o eclesiásticos.

Escogieron al que tenía mejor testimonio. En otras palabras, a aquellos que cumplían con los requisitos.

«Entonces los doce convocaron a la multitud de los discípulos, y dijeron: No es justo que nosotros dejemos la palabra de Dios, para servir a las mesas. Buscad, pues, hermanos, de entre vosotros a siete varones de buen testimonio, llenos del Espíritu Santo y de sabiduría, a quienes encarguemos de este trabajo. Y nosotros persistiremos en la oración y en el ministerio de la palabra. Agradó la propuesta a toda la multitud; y eligieron a Esteban, varón lleno de fe y del Espíritu Santo, a Felipe, a Prócoro, a Nicanor, a Timón, a Parmenas, y a Nicolás prosélito de Antioquía; a los cuales presentaron ante los apóstoles, quienes, orando, les impusieron las manos. Y crecía la palabra del Señor, y el número de los discípulos se multiplicaba grandemente en Jerusalén; también muchos de los sacerdotes obedecían a la fe.» (Hechos 6:2 al 7) RV.

No quiero sonar religioso en este punto, pero si recalcar la importancia de poder ser honestos y sinceros a la hora de elegir a nuestros líderes. Analicemos cada uno de los requisitos que se muestran en la palabra:

1. Tenían que ser personas dignas de confianza. No todos son dignos de confianza.

2. Eran personas entendidas que sabrían cómo realizar esa labor que se les estaba asignando.

(Esa es la razón por la cual muchos líderes en las iglesias no están cumpliendo bien su función, porque se puso a la persona equivocada que no está calificada para dicho cargo).

3. Llenos del Espíritu Santo. Una persona que es llena del Espíritu Santo, cumple al cien por ciento todos los requisitos. No es un borracho, no maltrata a su esposa, no abusa de sus hijos, no es un adúltero, y sabe ser un buen líder dentro y fuera de su hogar.

No es nada fácil enseñar a gente que tiene como función la tarea de enseñar. Por supuesto que es más fácil enseñar a un principiante que a alguien que ya tiene una educación ministerial o académica. Esto se debe en muchos de los casos a que la persona que tiene cierto conocimiento del tema que estamos tratando de enseñarle se cierra en su orgullo diciendo «eso ya lo sé, no necesito que me lo digas. ¡Además, yo lo enseñaría mejor!».

Los más prácticos solo lo piensan, pero como quiera, no reciben la enseñanza. Otros tal vez se estarán preguntando, pero ¿qué tienen que ver los requisitos para el ministerio o liderazgo, con el tema de los hijos? Tal vez crean que ya me salí del tema. Les demostraré que no me he salido del tema con algunos ejemplos.

El buen árbol por su fruto es conocido

El buen árbol por su fruto es conocido

El que haya malos líderes dentro de la iglesia ejerciendo algún lugar de honor, tales como

pastor, evangelista, profeta, apóstol, maestro, diacono, o cualquier otro cargo, se debe precisamente a eso que acabas de leer. A que se pasan por alto los principios bíblicos para todo liderazgo. Esa es la razón por la que se escucha de pastores, evangelistas, maestros, diáconos, y otros líderes cometiendo todo tipo de abuso dentro y fuera de la Iglesia. Mi enfoque será al liderazgo de más honor, al pastor. No quiero con esto sugerir que los demás ministerios no sean dignos de honor, admiración o respeto.

Me refiero al pastor como el de más honor por la razón de que es el ministerio que conlleva más responsabilidades y es al que se le demanda más. Por ejemplo, en ninguna parte de la escritura dice: el buen evangelista, maestro, profeta, o apóstol su vida da por sus seguidores… "ovejas". Sin embargo, del pastor dice «el buen pastor su vida da, por sus ovejas.»

Del evangelista se sabe muy poco, porque solo se aparece de vez en cuando por las iglesias, yendo de pueblo en pueblo. Nadie sabe dónde vive, cómo trata a su esposa e hijos. Si es casado, viudo o divorciado. Ni cómo se comporte en su vida privada. En muchos de los casos, ni el pastor mismo se da cuenta de esto. Pero el pastor siempre está al frente de la iglesia, dando la cara en cualquier situación que se presente, y todos lo conocen y saben quién es su familia y como vive con ellos.

Esa es la razón por la cual si un pastor comete alguna falta causa mucho dolor y estragos, dentro de la comunidad eclesiástica. Por eso, al darme cuenta de que aún existen muchos pastores que están haciendo mal uso de su autoridad dentro y fuera de la iglesia, me incomoda, pero a la vez me da fuerza para seguir escribiendo sobre este asunto. Sin importarme cuantos me juzguen por hablar de estas cosas tan delicadas y de las cuales casi nadie habla y en muchos de los casos prefieren callarlas y mantenerlas en secreto. Pero hoy, con la ayuda de Dios y en nombre de todos esos niños y mujeres, hijos y esposas que fueron o están siendo abusados por estos líderes abusadores, me decido a romper este silencio, que lo único que hace es permitir que se sigan cometiendo más crímenes en contra de estos niños y mujeres inocentes.

Alzo mi voz para denunciar y despertar conciencia en estos hombres que yo sé que necesitan primero darse cuenta ellos mismos de que están actuando mal en contra de su propia familia.

Les aseguro que no estoy inventando nada. Al principio de este libro les comente del caso de un pastor que golpea a su esposa y que maltrata a sus hijos. Yo mismo soy pastor y tengo mis hijos y me he dado cuenta de cómo nuestros hijos pueden ser víctimas de diferentes tipos de abuso, si no tenemos cuidado. En muchos de los casos, el abuso sucede sin querer e inconsciente mente. Pero como quiera que sea, no deja de ser abuso, ni de lastimar a nuestros hijos.

Recuerdo que cuando mi hermano me comentó sobre este pastor no pude dormir por la noche, pensando y tratando de adivinar de quien se trataba. Por el hecho de que no cabía en mi cabeza que un hombre que predica la palabra fuese capaz de tal acción.

Pero, para mi sorpresa, comencé a enterarme de más hechos peores aun, y más vergonzosos, locales, estatales, e internacionales. Y en esto entran todo tipo de hombres que profesan ser unos hombres de Dios. Me refiero a pastores, evangelistas, salmistas, apóstoles, maestros, etc.

Me enteré, por ejemplo, de pastores y evangelistas que abusaban física, verbal, y sicológicamente de su esposa e hijos. Pastores que abusaban sexualmente de sus hijas.

Pastores y evangelistas con más de una esposa. Pastores y evangelistas que dejan a su esposa de toda una vida por una más joven. Esto es más frecuente de lo que tú te puedas imaginar.

Si te contara con nombre de algunos que yo conozco te sorprenderías de saber de quién se trata. Pastores homosexuales. (De esto, yo mismo fui víctima de uno de ellos cuando era un adolescente) .Yo puedo asegurar que esto es verdad y no estoy mintiendo en todo lo que aquí estás leyendo. Pastores adictos a la pornografía. Pastores machistas.

Hace poco vino un pastor de México de una iglesia con 1,200 miembros y él nos compartió sobre un incidente que tuvo con su esposa que le hizo comprender y darse cuenta de que él era un machista, pues trataba a su esposa en una manera muy áspera y grosera. (Quiero aclarar que este mismo pastor nos relató el proceso que el tuvo que pasar para ser liberado de ese espíritu de macho que tenía). Él ya no es un machista y con su esposa trabajan juntos en el ministerio hombro con hombro ayudando a las personas a salir de esa atadura que es el machismo.

Bueno, la verdad quiero confesarles que no me siento muy cómodo de estarles contando todo esto. Yo preferiría mil veces estar escribiendo ahora mismo sobre la vida de hombres de Dios, consagrados íntegros y espirituales. Pero deseo aclarar la razón por la cual estoy haciendo esto y no es otra que el despertar al pueblo para que se dé cuenta de que tenemos que cuidar a nuestros hijos, y también despertar a la iglesia para que se fije muy bien quién es el hombre o líder a quien están siguiendo y, después, para ver si al estar expuestos, todos estos que han caído en el engaño y están viviendo una doble vida, sean redargüidos y se arrepientan y se vuelvan a Dios y comiencen a amar a su familia y a servir a su comunidad, como Dios manda...

dejando de hacer y de cometer todo este tipo de cosas, que afectan a sus hijos y a la comunidad cristiana.

Yo creo que Dios puede obrar poderosamente en un hombre o mujer arrepentido. Dios no rechaza al corazón contricto y humillado. Bueno, pues esta es la razón por la que yo estoy mencionando esto, porque ahora mismo que estoy escribiendo esto estoy pidiendo al Espíritu Santo que redarguya a todo aquel que esté viviendo una doble vida.

Este mundo está clamando por hombres de Dios que sean íntegros y que vuelvan, no solo a predicar sobre la santidad, si no a practicar la santidad sin la cual nadie verá al Señor. Yo creo que el espíritu santo redargüirá los corazones de muchos de los que leerán esto y se arrepentirán y volverán a ser los hombres de Dios que fueron al principio.

¿Porque existe esto en el liderazgo?

¿Porque existe esto en el liderazgo?

1. Porque todo pastor antes de ser pastor fue primero niño. Y durante este periodo como niño vio, escuchó y vivió cosas que lo dejaron marcado de por vida.

2. La mayoría de pastores que cometen algún tipo de abuso fueron víctimas, en el transcurso de su niñez, de algún tipo de abuso físico, verbal, psicológico o sexual. Y de alguna manera, todavía vienen arrastrando con esos traumas emocionales causados en su niñez, y aún no han sido sanados.

3. Porque cuando llegan al liderazgo, van trayendo consigo todos esos traumas que concibieron durante su infancia. Pero que nunca fueron tratados adecuadamente para poder ejercer un liderazgo efectivo.

Muchos de estos abusadores son gente que fueron abusados durante su niñez y que después, ya adultos, se casaron, formaron una familia, se involucraron en el ministerio, pero nunca recibieron ayuda para que fueran totalmente restaurados emocional, psicológica y sentimentalmente.

Por esa razón hablo de poder aplicar los requisitos a todo tipo de liderazgo, antes de ejercer, y de esa manera poder darnos cuenta, a tiempo, si es que alguno de los posibles candidatos viene dañado. Y de esa manera, poder estar seguros de que estamos contratando a gente restaurada y capaz de ejercer un buen liderazgo dentro y fuera de casa. Esta es la razón por la cual comencé hablando de los requisitos para todo líder.

La Biblia nos declara que todo buen árbol por su fruto es conocido. Así que si alguien no está dando buen fruto no puede ser buen árbol. Si el fruto que está dando no se puede comer, entonces no es bueno.

Pregúntate: ¿esto que hago, digo, enseño o proyecto, mis hijos lo pueden digerir? ¿Es bueno para que ellos lo coman? Recuerda que si algo es malo para ti, también lo es para tus hijos.

Me refiero al hecho de que si lo que haces y dices no te agrada ni a ti mismo ¿crees que tu familia si lo pueda tragar?

Muchos ponen la excusa de que así son y dicen yo no puedo cambiar, porque Dios así me hizo. Este es mi carácter y Dios así me quiere usar. ¡Bueno, veamos qué nos dice la escritura!

El libro Isaías 5:1-2 nos relata que Dios plantó una viña en un campo fértil, y Dios se esmeró en todo tipo de cuidados para que su viña diera buen fruto. Pero, esta viña dio un fruto agrio que no se podía comer.

Hay gente que culpa a Dios por sus acciones, por su manera de ser y comportarse. Pero la Biblia dice claramente que Dios todo lo hizo perfecto incluyéndote a ti.

«Y vio Dios que todo lo que había hecho era bueno.» (Génesis 1:31) RV.

Es la misma gente quien decide la clase de fruto que ha de dar. Por la razón de que Dios ya nos proveyó de todo lo que necesitamos para poder dar buen fruto. Me refiero a que si tú decides dar buen fruto tú, puedes hacerlo. Solo basta a que te decidas!

Pero, de la misma manera, si tus estás dando un mal fruto, se debe al hecho de que tú has decidido dar un mal fruto. Esta viña de la parábola decidió dar un mal fruto, aun cuando ella misma sabía que se esperaba de ella que diera un buen fruto.

De igual manera, Dios, tu esposa, y tus hijos esperan que tú puedas dar un buen fruto. Uno que si se pueda comer.

Analicemos a la viña de la parábola:

1. Nos dice la escritura que fue plantada en una ladera muy buena, es decir buena tierra... el terreno era el apropiado para que diera muy buen fruto.
2. La limpió, la abonó, y la cuidó. En otras palabras, le dio todo lo necesario para que pudiera dar muy buenas uvas. Pero la viña decidió dar malas uvas.
3. El dueño de la viña nos aclara que no hay nada que esta viña ocupara para poder dar buen fruto que él no haya hecho por ella. **«¿Qué más se podía hacer a mi viña, que yo no haya hecho en ella? ¿Cómo, esperando yo que diese uvas, ha dado uvas silvestres?»** (Isaías 5:4) RV.

En otras palabras, Dios ya te ha dado la capacidad de dar buen fruto. Ahora, está en ti el comenzar a actuar de una manera donde se pueda apreciar el buen fruto que hay en ti.

¡Toma la decisión ahora mismo de dar buen fruto!

¡Reconoce que Dios te ha dado la capacidad de ser un buen árbol!

¡Siempre recuerda que la voluntad de Dios es que lleves mucho y buen fruto!

Cuando dice que Él ya hizo todo para que tú puedas dar buen fruto, se refiere al hecho de que has sido dotado con muchas cualidades, que si las pones en práctica producirán un muy buen fruto.

Nunca olvides que Dios ya hizo todo lo que tenía que hacer para que tú puedas dar un buen fruto que no sea agrio, ni amargo y que se pueda comer.

Lo que ven tus hijos

Lo que ven tus hijos

Piensa por un momento en lo que tus hijos están viendo en ti. Piensa en lo que tu esposa está recibiendo de ti. ¿Cuál es la imagen que los miembros de tu iglesia tienen de ti? ¿Es verdadera o falsa la imagen que ellos tienen de ti? ¿Es bueno o malo el fruto que ellos están comiendo?

Recuerda que tú eres el árbol plantado por Dios para que:

1. Des buena sombra a todo aquel que se arrime. Hasta el mismo dicho lo dice, que quien buen árbol se le arrima, buena sombra lo cobija.
2. El buen árbol da buen fruto para alimentar al hambriento. ¿Recuerdas la parábola de la higuera? Jesús se acercó a ella buscando algo que comer y recuerdas lo que pasó? No encontró ningún fruto en ella que él pudiera comer. ¿Le agrado a Jesús el hecho de no encontrar fruto?
3. También, el árbol hace buena leña. Es decisión de cada quien dar buena sombra, buen fruto, o leña.

«Y ya también el hacha esta puesta a la raíz de los arboles; por tanto, todo árbol que no da buen fruto es cortado y echado en el fuego.» (Mateo 3:10) RV.

Hermano Pastor, no te estoy condenando, solo quiero que tú y yo tomemos en este día la decisión de dar un buen fruto. Un fruto digno para tu esposa e hijos. Un fruto que si se pueda comer. ¡Que no sea agrio ni amargoso! Recuerda que si en casa se comen bien, lo que tú estás dando, también la iglesia lo hará. Y tu tendrás la dicha de disfrutar de un buen liderazgo honroso, del cual no tendrás de que avergonzarte. Tendrás un buen testimonio dentro y fuera de casa.

Yo siempre digo esto, si todo está bien en casa, todo está bien en todo lo demás... Cuando cada ministro se preocupe y tome la responsabilidad de dar un buen fruto, ten la seguridad de que estaremos dando un paso muy importante en recuperar la credibilidad y estabilidad de la iglesia.

¡Se tiene que dar ese paso! Porque con un líder tiene un hogar estable, con una buena esposa e hijos que lo amen y respeten, dentro y fuera de casa, la gente volverá a creer en el liderazgo de la iglesia y podremos desarrollar nuestro liderazgo con mayor fluidez y libertad. Pero sobre todo, con la conciencia tranquila y la confianza de que contamos con la aprobación de Dios.

Porque un ministro que mantiene un buen ejemplo dentro de su propia casa también es capaz de mantenerlo fuera de ella.

Recuerda que el público más exigente es el que está en casa. Ellos son los más difíciles de convencer, ya que ellos conviven con nosotros, siempre están viendo cada uno de nuestros movimientos. Desde que nos levantamos hasta que nos volvemos a acostar. Ellos si saben bien si el fruto que estamos dando se puede comer, si es bueno o malo. A ellos no los puedes engañar tan fácilmente. En 1ª Pedro 3:7 se les dice a los maridos que vivan con sus esposas sabiamente dándoles honor como a vaso más frágil, y como a coherederas de la gracia de esta vida, para que sus oraciones no tengan estorbo.

Pidámosle a Dios sabiduría para poder guiarlos en amor. Debes creerme cuando te digo que necesitas saber cómo tratar con ellos sabiamente cada día.

¡Necesitamos saber cómo tratar con ellos cada día! Pide a Dios que ponga sabor en tu vida, de esa manera todo lo que saldrá de ti estará sazonado con sal y tendrá un buen sabor que si se podrá comer. Jesús nos pide que tengamos sal en nosotros. La sal le pone sabor a todo.

Pide a Dios que siempre haya sal en ti.

«Buena es la sal; más si la sal se hace insípida, ¿con qué la sazonaréis? Tened sal en vosotros mismos; y tened paz los unos con los otros.»(Marcos 9:50) RV.

Deja que fluyan las cualidades que Dios ha puesto en ti, porque a través de ellas estarás dando sabor a todo aquel que se acerque a ti. Tú eres la sal de tu casa, de tu trabajo, de tu entorno. ¡Nunca lo olvides!

Tienes una tarea muy importante. ¡Darle sabor a todo aquel que se acerque a ti!

Renovando nuestra mente

Renovando nuestra mente

Existe solo una cosa que puede resistir los embates de la vida a través de todo su curso, esto es «una conciencia tranquila.»

«Si nuestro corazón no nos reprende confianza tenemos en Dios.» (1a Juan 3:21) RV. Necesitas renovar por completo tu manera de pensar, porque eso influirá mucho en tu manera de actuar. De acuerdo a tu manera de ver las cosas, así será también la manera en que tratarás a todo aquel con quien convives. **«Por que cual es su pensamiento en su corazón, tal es el.»** (Proverbios 23:7) RV.

¡Decídete a ver la vida desde una perspectiva más positiva!

¡Cree en los milagros! ¡Cree en el cambio! ¡Atrévete a confiar!

No hay nada que sea imposible para el hombre que tiene una mente renovada, lo cual es muy importante porque de eso depende tu manera de ver las cosas. De eso dependerá el que seas optimista o un pesimista. Para el optimista no hay imposibles, el pesimista nunca logrará nada.

Cuando eres optimista con una mente renovada, y te atreves a soñar con grandes cosas, creo que nada ni nadie te podrá detener y conquistarás todo aquello que te propongas Recuerda lo que dice la escritura: **«Para el que cree todo le es posible.»** (Marcos 9:23) RV.

Por esa razón, yo creo que si tú te propones a ser un mejor padre, un mejor esposo, un mejor líder, sé con todo mi corazón que tú lo lograras. Cambia tu manera de pensar!

Cuando hablamos de abusos y malos tratos en niños y mujeres, siempre se piensa en que este tipo de personas que cometen estos abusos son gente que no conoce nada de Dios. Pero, ¿qué sientes cuando te das cuenta de que estas personas que abusan son gente que si conoce de Dios? ¿Qué hacer cuando te das cuenta de que el enemigo lo tienes en casa y que aquel que está cometiendo el abuso es el mismo que prometió cuidarte y protegerte? ¿Qué hacer en estos casos? ¿Por qué un líder espiritual se atreve a cometer abusos a su propia familia? ¿Qué pasa por la mente del que abusa? ¿Dónde ha quedado el amor de padre, de esposo, de líder espiritual? ¿Dónde quedó el temor de Dios?

Son muchos los interrogantes, pero me gustaría comentar un poco sobre la mentalidad de todo aquel que abusa. Sin importar si el abusador es un intelectual o analfabeta, o si es un líder espiritual. La mentalidad siempre es la misma. Son gente dañada, con una mente perturbada por causa de una niñez, infancia, adolescencia, o juventud marcadas con imágenes de todo tipo de abusos, que durante todas esas etapas de su vida vivieron en carne propia. Recordemos que, sin importar la formación teológica, raza, religión, nivel académico, o social, todos fueron niños alguna vez. Niños que pudieron haber vivido en el mismo infierno, en alguna etapa de su vida. Ellos en su niñez pudieron haber sufrido diferentes tipos de abusos, físico, verbal o sexual, por parte de sus amigos, familiares o, en muchos de los casos, por sus propios padres.

Es por esa razón que se necesita que estas personas sean ayudadas en un asesoramiento de restauración, durante el cual se les debe de enseñar acerca del verdadero perdón. Se les debe de asesorar sobre el auto estima y cómo poder romper con ataduras que pudieran haber adquirido en el pasado. Todo esto es necesario hacerlo para que toda persona que ha sido o fue abusada de niño pueda ser sanada en toda la extensión de la palabra, y pueda vivir su vida como una persona normal y feliz, con una mente totalmente renovada, en la cual toda secuela del pasado ha sido totalmente removida y renovada con las promesas de la palabra Dios.

Es necesario conocer estas promesas, creerlas, aceptarlas y recibirlas. De esa manera, nuestra fé crecerá, se fortalecerá y producirá en ti una manera muy distinta de ver las cosas y entonces podremos decir que nuestra mente ha sido renovada y ahora tenemos la mente de Cristo. De esa forma, estaremos seguros de que ya nunca más volverá el fantasma del pasado para seguir atormentándote con pensamientos de culpabilidad, de menosprecio, inferioridad, y toda clase de pensamientos negativos que Satanás usa para hacerte la vida imposible.

Pero gracias a Dios, por medio de su palabra podemos ser totalmente libres de toda mentira del diablo. «**Conoceréis la verdad y la verdad os hará libres.**» (Juan 8:32) RV.

¡Dios te quiere hacer libre! Atrévete a dar un paso de fe y suelta todo pensamiento negativo y permite que Dios la renueve y ponga en ti la mente de Cristo.

El caso de un pastor amigo mío

El caso de un pastor amigo mío

Esto que vas a leer es la historia de un pastor del sur de California. Él es un amigo, alguien que conocí muy de cerca cuando él vivía en el estado de Washington. Él mismo me pidió que contara lo que le sucedió cuando él era un niño y que después repercutiera cuando fue adulto.

Quiero decirles que los nombres que estaré usando en esta historia son ficticios por obvias razones.

Conozco a este pastor, a quien estaremos llamando Alfredo, desde hace aproximadamente 10 años. En ese entonces, él comenzaba una pequeña obra en la ciudad de Sunnyside, Washington.

Entablamos una muy bonita amistad y tomé la decisión de apoyarlo en esa que sería la primera iglesia que pastoreaba.

Mi familia y yo nos movimos a esta pequeña iglesia donde comenzamos a trabajar juntos en la obra de Dios. Pero a los pocos meses de haber comenzado, este pastor me dio la noticia de que se iba para California y sin importarle el hecho de que la iglesia apenas comenzaba se fue.

Así como nos separamos, él se fue para California y yo me quede ahí mismo en Washington, solo que la iglesia que el pastor comenzó se desintegró y yo me integré a otra iglesia donde me congregué por más de 15 años y de donde salí y plante la primera iglesia que Dios me permitió pastorear.

Después, el pastor Alfredo me llamo por teléfono para comunicarme que allá en California ya había comenzado una nueva iglesia. Él y su familia comenzaron a trabajar arduamente y pronto tenían ya algunas familias que asistían regularmente a sus servicios. Crecieron rápidamente al grado de hacer planes de comprar un edificio propio. Todo parecía ir muy bien. Recuerdo cuando mi amigo me llamaba muy emocionado contándome todos los planes y proyectos en los cuales estaba trabajando. Solo que estos planes y proyectos pronto se vinieron abajo.

Al poco tiempo de que me llamó para decirme que estaba en plan de comprar un lugar propio, me volvió a llamar para decirme que ya no estaba pastoreando y, una vez más, Alfredo aventaba el ministerio por los suelos. Estaba desalentado y sin haber logrado nada de lo que se había propuesto. No sé cuántas veces más hizo el intento de levantar una iglesia sin obtener ningún resultado.

Hace aproximadamente un año Alfredo dejó de pastorear y me dio la noticia de que ahora se congrega en una iglesia de las asambleas de Dios. Y hace poco me llamó para pedirme ayuda, pues estaba teniendo problemas con su familia. Me comentó que tuvo un altercado muy fuerte con su hijo de apenas 15 años. Resulta que Alfredo no supo controlar la situación y terminó agarrándose a golpes con el adolescente, como si fueran dos desconocidos o unos rivales que se odian a muerte.

Por causa de esto, las cosas se le complicaron por que la esposa se puso a favor de su hijo, el cual se fue de la casa. Y los demás hijos comenzaron a culpar a mi amigo de todo lo sucedido.

Llegó a policía, arrestaron al menor y le pusieron cargos también al pastor. Las cosas estaban tan tensas que la familia le faltó el respeto a mi amigo. La situación se puso tan fea que aún recuerdo esa mañana cuando Alfredo me llamó por teléfono para decirme que las cosas iban de mal en peor, que él ya no aguantaba más y que estaba pensando en darse un balazo en la cabeza y así terminar todo.

¿Por qué llegó a pensar en eso siendo un pastor que conoce las escrituras? Recuerdo ese día tan traumático, pues cuando respondí la llamada su voz estaba llena de angustia y desesperación: «José, solo te llamé para decirte que ya no puedo más, todo se me vino abajo. Mi esposa ya no me quiere, se ha puesto a favor de mis hijos, me desprecia y aun mis propios hijos me desprecian. Tengo problemas con la policía. Ahora mismo tengo la pistola en mi cabeza y pienso terminar esto de una buena vez.»

Les confieso que cuando él me estaba comentando todo esto y al escuchar su desesperación yo pensaba y oraba en mí. ¿Dios mío qué voy a hacer? ¿Qué le digo? ¿Y si lo que le digo no le gusta y le jala? ¡Créanme que fueron minutos eternos! Yo no sabía qué hacer ni qué decirle. Él se encontraba muy lejos de mí, ¿qué podría yo hacer?

Esos eran mis pensamientos cuando Alfredo me pregunta: «José ¿Por qué Dios no me escucha?

Yo me he sacrificado en todo. He sacrificado a mi familia, me he esforzado al máximo y siempre he hecho todo lo mejor por servirlo, pero no pasa nada. Mi esposa dice que yo soy el culpable de lo que está pasando y, por si fuera poco, mis hijos opinan lo mismo. Dicen que yo soy muy controlador, que tengo el carácter muy fuerte, que los ofendo y trato mal.»

¿Puedes imagínarte toda esta escena? Cualquiera al escucharlo pensaría que se trata de una familia que no conoce de Dios. Pero se trata de un pastor quien, desde que se convirtió, sintió el llamado a servir a Dios como pastor. Pero, también él fue uno de tantos ministerios que han comenzado su liderazgo, sin siquiera haber pasado el proceso de discipulado. Este proceso es muy esencial para todo el nuevo convertido, porque en él se le está dando una identidad nueva y una formación, en la cual aprenderá todo lo esencial de su nueva vida en Cristo. Y a través de este discipulado el nuevo creyente aprenderá a desarrollar el carácter de Cristo en su vida. Esa es la razón por la que cada iglesia debe ser diligente en la elaboración de un buen plan de discipulado, para que pueda proveer al nuevo convertido la herramienta necesaria para que tenga un crecimiento espiritual adecuado, que lo lleve a una madurez capaz de desarrollar cualquier liderazgo.

Alfredo comenzó a contarme detalles de su vida de niño y ahí salió a relucir todo lo que el traía guardado en su corazón. Él había sido herido y lastimado y hasta ese momento no había podido sanar cada una de esas heridas, que aún seguían muy vivas dentro de él. La razón era, según me dijo el, que hasta ese entonces él no había encontrado a alguien de confianza para poder contarle todo lo que le había sucedido. Agradezco a Dios por haberme dado gracia delante de Alfredo, para que me contara todo lo que le sucedía y que le causaba tanto dolor.

Ese dolor que le estaba causando tantos problemas se debía a una furia que llevaba muy dentro de él y que sin darse cuenta la estaba descargando sobre su familia... esposa e hijos.

«Mira José -me dijo Alfredo- esto que te voy a contar no se lo he contado a nadie.

Así que te voy a pedir que seas muy cuidadoso con ello y no se lo cuentes a nadie a menos que yo te lo diga. Mi padre fue un hombre muy borracho y desobligado, al cual nunca le importo su familia. Siempre que nos hablaba lo hacía con groserías e insultos. ¡Era demasiado machista!

Trató mal a mi madre y a mis hermanos. Fue tan irresponsable que obligaba a mi madre a ir con los vecinos a conseguir dinero para comprar licor y seguir tomando. Si mi madre se reusaba a hacerlo lo que él le pedía le iba muy mal. ¡El la golpeaba!

Recuerdo que en una ocasión descubrí lo que mi madre hacía para poder darnos de comer.

Cerca de mi casa había una tienda de abarrotes y mi madre iba con el dueño de la tienda para conseguirla. Me pude dar cuenta de la manera en que ella lo conseguía, ya que en esa ocasión vi a mi madre saliendo de un hotel con el dueño de esa tienda. Ese fue un golpe muy duro para mí, pero lo que más me dolió fue el enterarme de que mi padre ya lo sabía y él estaba de acuerdo. No le importaba mientras mi madre cumpliera las obligaciones de proveer lo que a él le correspondía proveer. Recuerdo que enfrenté a mi madre y ella me dijo que lo hacía porque de alguna manera ella tenía que sacar dinero para mantenernos, ya que mi padre no contribuía. Entonces fui a ver a este hombre y le dije que si seguía con mi madre lo iba a matar, pero fue él quien me asustó a mí. También en una ocasión, cuando iba con mi padre para el río, recuerdo que íbamos con un amigo de mi padre. Cuando llegamos al rio, mi padre se hizo el desatendido y se fue alejando, dejándome solo con aquel hombre. Y cuando estuve solo con aquel hombre, ese supuesto amigo de mi padre, me quiso violar.

Esto José, es solo parte de lo que yo viví en mi casa cuando yo era un niño. En vez de ser los recuerdos más felices de mi vida los recuerdos de mi niñez, son los más tristes de toda mi vida. Y todo este tiempo he vivido con mucho dolor dentro de mí. Es un dolor producido por tanto odio y rencor hacia los que me hicieron daño. Aunque también pienso que se debe a la impotencia de no haber podido hacer nada. Porque se trata de las personas que se supone te deben amar y proteger, y a las cuales tú debes amar más. Recuerdo cuando llegó la palabra de Dios a nosotros, ¡yo no podía entender cómo era que mi madre ahora iba a la iglesia! Yo no podía entender cómo Dios había perdonado a mi madre, después de lo que había hecho.»

Antes de que Alfredo comenzara a contarme todo esto, me había comentado que sentía muchas ganas de llorar pero que no podía. Fue en ese instante cuando yo le dije que tal vez se debía al hecho de que él tenía algo que quería y debía confesar y comentarlo con alguien. Y doy gracias a Dios porque si se atrevió a contar lo que ahora acabas de leer. Porque inmediatamente, después de terminar de contarme todo esto, el llanto fluyó como una lluvia, refrescando una vida que por años había estado seca, sin poder dar fruto.

Pero que ahora estaba siendo libre, porque desde ese día Alfredo fue una persona totalmente diferente. ¡Ahora él es libre! ¡Gloria a Dios! Su vida ya no es la misma, sabe reír y llorar.

¡Es una persona totalmente nueva!

«De modo que si alguno está en Cristo, nueva criatura es; las cosas viejas pasaron, he aquí todas son hechas nuevas.» (2a de Corintios 5:17) RV.

El tiempo más desperdiciado de tu vida es aquel en el cual no has sabido reír.

«**El corazón alegre constituye un buen remedio; pero el espíritu triste seca los huesos.**» (Proverbios 17:22) RV.

Es mi deseo que este testimonio pueda ayudar a muchos de ustedes que puedan estar pasando por una situación similar. Tal vez tienes una familia a la cual amas, pero se te hace difícil demostrárselo, porque con tus hechos la estás destrozando. Tal vez seas un buen siervo que ama la obra y el llamado de Dios sobre tu vida, pero por más que te esfuerzas no logras avanzar.

Quiero recomendarte que te analices personalmente y si hay algo que necesites confesar hazlo. Busca a alguien digno de tu confianza y cuéntalo. Abre tu corazón y atrévete a ser libre.

Quiero invitarte a que tomes el ejemplo de Alfredo y saques todo aquello que por mucho tiempo te ha estado dañando a ti y a tu familia. Dios quiere que seas verdaderamente libre.

No medio libre, si no verdaderamente libre.

«**Dijo entonces Jesús a los judíos que habían creído en él: Si vosotros permaneciereis en mi palabra, seréis verdaderamente mis discípulos; y conoceréis la verdad, y la verdad os hará libres. Le respondieron: Linaje de Abraham somos, y jamás hemos sido esclavos de nadie.** ¿Cómo dices tú: Seréis libres? **Jesús les respondió: De cierto, de cierto os digo, que todo aquel que hace pecado, esclavo es del pecado. Y el esclavo no queda en la casa para siempre; el hijo sí queda para siempre. Así que, si el Hijo os libertare, seréis verdaderamente libres.**» (Juan 8:31-36) RV.

Tal vez estés pensando cómo estos creyentes de la escritura que acabas de leer y te digas a ti mismo, pero si yo soy pastor, evangelista, profeta, etc. ¿Cómo dices que yo no soy verdaderamente libre? Bueno, mi amigo, la respuesta a esa incógnita es la misma que Jesús les dio a estos creyentes judíos, les dijo en el verso 34 de la cita anterior: «Cualquiera que hace pecado esclavo es del pecado.»

Ellos se decían hijos de Abraham pero querían matarlo, tú puedes tener cualquier ministerio pero si hay en ti celos, amargura, ira, rencor, o cualquier tipo de abuso, sigues siendo esclavo y la voluntad de Dios es que seas verdaderamente libre. Pues solo así podrás cumplir plenamente con el ministerio que él ha puesto en tus manos. Yo entiendo que hay muchos siervos que son sinceros y que no quieren seguir cometiendo ningún tipo de abuso con su familia. Porque los aman y no desean seguirlos lastimando más. Sé que mucho después de cometer el abuso se sienten muy mal y aunque desean no volver a cometer tal abuso, lo vuelven a hacer porque no tienen voluntad propia, son esclavos y un esclavo solo obedece.

«¿No sabéis que si os sometéis a alguien como esclavos para obedecerle, sois esclavos de aquel a quien obedecéis, sea del pecado para muerte, o sea de la obediencia para justicia?» (Romanos 6:16) RV.

¡A todos ustedes que están pasando por esto les tengo buenas noticias! Jesús vino a deshacer las obras de Satanás, y fue Jesús mismo quien lo derrotó y le quitó el acta de los decretos. Esa acta era un documento legal que Satanás tenía en su poder y en el cual se comprobaba que le pertenecíamos, porque en él estaban escritas todas nuestras transgresiones.

«Y a vosotros, estando muertos en pecados y en la incircuncisión de vuestra carne, os dio vida juntamente con él, perdonándoos todos los pecados, anulando el acta de los decretos que había contra nosotros, que nos era contraria, quitándola de en medio y clavándola en la cruz, y despojando a los principados y a las potestades, los exhibió públicamente, triunfando sobre ellos en la cruz.» (Colosenses 2:13-15) RV.

¡Estas son buenas noticas! Aquí nos dice que Jesús lo venció y le quitó ese documento legal que él tenía contra nosotros, pero Jesús lo anuló. Lo rompió y ahora el único que tiene algún derecho legal sobre nosotros es el mismo que nos compró con precio de sangre. ¡Jesús!

Él se entregó a si mismo por ti y por mí y a través de su muerte nos dio vida como está en Efesios 2:4-5.

¿Cómo dejar de ser un abusador?

¿Cómo dejar de ser un abusador?

¡Este proceso es para todos! No importa si eres o no pastor o aún si nisiquiera asistes a una iglesia.

1. Lo primero es reconocer que estamos cometiendo algún tipo de abuso y confesarlo.

«El que encubre sus pecados no prosperará; más el que los confiesa y se aparta alcanzará misericordia. » (Proverbios 28:13) RV.

2. Es muy importante romper con toda maldición que pudieras haber recibido por parte de tus ante pasados. **«La maldición de Jehová está en la casa del impío, pero bendecirá la morada de los justos.»** (Proverbios 3:33) RV.

3. Estar dispuestos a pasar por el proceso de restauración. Lo más difícil sin duda será el hecho de que los pastores, por lo general, estamos acostumbrados a pastorear, no a ser pastoreados. Para un pastor o alguien con ministerio, el dejarse pastorear será lo mas difícil, pero todos debemos reconocer que es muy importante poder ser también nosotros pastoreados por alguien que nos pueda ayudar a caminar en rectitud. De otra manera, te será muy difícil cumplir con estos tres pasos, si no encuentras a alguien digno de confianza con el cual tú puedas intimidar y dejarte ayudar... pastorear. En este proceso se necesita que todo aquel que desee ser verdaderamente libre primero sea verdaderamente honesto.

A continuación estaré dando una lista de ataduras que son muy frecuentes en cada uno de los abusadores, solo con el propósito de ayudarte a identificar aquellas que te están afectando y de ese modo puedas tomar la decisión de renunciar a cada una de ellas. Tal vez algunos solo se identifiquen con una, otros con dos, y tal vez otros con más de tres. Sea cual sea el resultado, lo único que te pido es que las examines con honestidad y sinceridad y, una vez que las hayas identificado, se las presentes a Dios en oración para que él rompa toda cadena.

Machismo, alcoholismo, lascivia, poligamia, homosexualismo, celos excesivos, carnalidad, ira, contiendas, egoísmo, baja estima, palabras deshonestas, orgullo, controlador, Irresponsabilidad, posesividad, nerviosismo (neurosis), malos hábitos (drogas), incesto, problemas emocionales

Puedes subrayar todas aquellas ataduras que tú mismo reconoces que aun ejercen algún control en tu vida. Después de haberlas subrayado, escríbelas en un papel y, en algún lugar en que puedas entiérralas, quémalas o rómpelas en un acto simbólico de que esas ataduras nunca más ejercerán ningún poder sobre ti. Has una oración de fe a Dios pidiendo que él remueva todas esas ataduras que han estado dañando tu vida y la de tus seres queridos.

¡Hazlo en tus propias palabras!

¡Es el momento de levantar el nombre de Jesús en alto!

El propósito de Dios es que el hijo del hombre sea levantado. **«Y como Moisés levantó la serpiente en el desierto, así es necesario que el Hijo del Hombre sea levantado.»** (Juan 3:14) RV.

Primero, notemos que quien puso en alto la serpiente fue Moisés, quien era el líder del pueblo de Israel y cuando Moisés levantó la serpiente en alto, todo aquel que vio a la serpiente y creyó a lo que les dijo Moisés vivió.

Segundo. Ahora los pastores somos los maíces de hoy. Y tenemos que levantar a Jesús en alto. Para que así todo aquel que haya sido mordido por la serpiente (Satanás) pueda ser sanado.

Existe mucha gente allá afuera que está muriendo porque han sido mordidos por la serpiente.

Lo triste de esto es que no hay muchos siervos que se atrevan a levantar a Jesús a un nivel alto, para que la gente lo pueda ver y crean en él y así de ese modo ser sanados. Son muchos los que tienen a Jesús por los suelos con un testimonio que da lástima.

Esa es la razón por la cual mucha gente vive con el veneno de la serpiente dentro de ellos, no lo puede ver para ser sanados. Si quieres levantar el nombre de Jesús en alto has conmigo esta oración:

«Señor, reconozco que te he fallado, y que he descuidado lo que más quiero en esta vida.

Mis hijos, mi esposa, y las almas que me permites pastorear.

Reconozco que al fallarte en un área te estoy fallando en todo, por causa de mi testimonio.

Pero ahora, señor, me confieso delante de ti y me confieso pecador. Y te pido con todo mi corazón que me perdones el haber sido un abusador para mi esposa y mis hijos.

Renuncio a cualquier herencia que yo, sin saber, he heredado por medio de mis ante pasados. Renuncio a toda maldición en mi casa y mi familia.

Renuncio también a toda clase de malos hábitos pecaminosos, que han estado estorbando en mi vida. (Con tus propias palabras, renuncia ahora mismo a toda atadura que tú sabes bien que aún tiene control de tu vida.) Y declaro que mi cuerpo es templo del Espíritu Santo y que de ninguna manera volverá a ser la guarida de ningún mal hábito que lo pueda contristar,

Renuncio a todo pensamiento que no proviene de ti, declaro en mi vida la mente de cristo.
Saca toda la basura que ha estado atesorada en mi corazón. Crea en mí, oh Dios, un corazón limpio y renueva dentro de mí un espíritu recto.

Y lléname de todas las bendiciones que Dios ha prometido para mí, mi esposa e hijos.
Ahora me declaro libre de cualquier atadura o maldición heredada. Bendice mi casa, mi vida, tu iglesia y mi ministerio en el nombre de Jesús amen.»

Felicito de todo corazón a todo aquel que hizo esta oración con un corazón sincero y oro a Dios el padre para que, de aquí en adelante, puedas vivir plenamente en la libertad gloriosa del hijo de Dios y para que todas las bendiciones del hijo de Dios sean derramadas sobre ti, tu familia y congregación. La promesa bíblica es esta. Que todo aquel que se humille será exaltado.

Existe una frase que dice: Para que nazca el verdadero hombre que se lleva dentro, tiene que morir el yo.

Capítulo 7

Para todos los padres

CAPÍTULO 7

Para todos los padres

En este último capítulo deseo dejar en claro que todos los padres del mundo, sin importar su nivel social, académico o cultural que puedan tener, deben saber que como seres humanos todos tenemos necesidades diferentes, en muchas áreas de nuestra vida. Todo ser humano tiene la necesidad de amar y ser amado.

Todos necesitamos unos de otros para poder hacer más amena nuestra estancia en este mundo malo, lleno de incertidumbres y conflictos diarios. Y con la ayuda mutua del uno al otro, podremos hacerles frente sin ningún temor. «**El rico y el pobre tienen un lazo común:**

El que hizo a ambos es el Señor.» (Proverbios 22:2) LBLA.

Ante los ojos de Dios no hay diferencia de razas, credo, o estatus social. ¡Todos somos iguales!

Todos tenemos sentimientos y todos fuimos niños alguna vez. Niños que alguna vez se atrevieron a soñar con tener una bonita familia. Niños que alguna vez soñaron con realizarse y ser muy felices. Pero que a causa de la maldad o ignorancia de algunas personas, esos sueños fueron apagados. Y muchos de ellos ahora están en el olvido.

Por eso, en este último capítulo quiero volver a insistir para que si todavía no logras una buena comunión con tu esposa e hijos lo vuelvas a intentar. Quiero animarte a que no te des fácilmente por vencido y sigas luchando contra viento y marea, por ese tesoro hermoso que Dios ha puesto en tus manos. Despierta esos sueños que alguna vez tuviste cuando eras niño. ¿Recuerdas cómo te veías de grande?

¿Recuerdas que soñabas con una familia unida y feliz?

Estoy completamente seguro de que varios de ustedes, que han sido honestos y que han seguido fielmente mis recomendaciones, ya han empezado a ver los resultados de su esfuerzo

Y me atrevo a decirles que muy pronto estarán disfrutando de un hogar plenamente feliz.

¿Sabes por qué? Porque es bíblico… mira lo que dice la escritura: **«En todo trabajo hay ganancia, pero el vano hablar conduce sólo a la pobreza»** (Proverbios 14:23) LBLA. Es muy clara la palabra de Dios la cual te dice que todo esfuerzo que tú realices para que tu casa sea bendecida y prosperada no quedará en vano. Todo esfuerzo que tú realices tiene su recompensa. Pero quiero que analices la segunda parte de este verso, la cual es muy importante también, porque nos revela que el solo anhelar un hogar feliz o una familia ejemplar no es suficiente. No basta solo con decir «ay, cómo me gustaría tener una familia muy bonita.» O con hablarlo... Como dice el dicho, las palabras se las lleva el viento. Son las acciones las que producen resultados.

Por eso te invito a que dejes de hablar y anhelarlo, comienza a accionar que en toda labor hay fruto y todo esfuerzo tiene su recompensa. ¡Que nada impida que lo logres! ¡Tú y tu familia tienen derecho a ser felices! Tus hijos no son un estorbo que te impiden lograrlo, ellos son un regalo de Dios. Ellos son uno de los ingredientes dados por Dios para mantener a la pareja unidos, en el vínculo del amor. Por eso, cuando llega un niño al hogar no es una carga si no una bendición que fortalece el vínculo del matrimonio.

«La batalla no se logra cuando dejamos de luchar si no cuando se logran los objetivos.»

Tarea para todos

Tarea para todos

1. Medita en el trato que te dieron tus padres. Y recuerda tanto lo bueno como lo malo en el trato que ellos te dieron Ahora; si ya recordaste la manera en que te trataron a ti, cuando fuiste niño, y lograste recordar tanto la cosas buenas que a ti te gustaron como las que no te gustaron en el trato que te dieron tus padres, escribe en una hoja de papel todas esas cosas que tanto te gustaron del trato de ellos. Por ejemplo, que te hablaban con amabilidad, que te acariciaban, te decían te amo, celebraban tus aciertos, etc.

Y en otra hoja aparte escribe todas aquellas cosas que no te gustaron. Ejemplos: que te hablaran a gritos, con insultos, que nunca te acariciaban, nunca te dijeron te amo, etc.

Nota importante

-Quiero que hagas esto antes de seguir leyendo-

2. Si ya tienes escrito todo eso, quiero que las observes muy bien y las analices una por una cada cosa que escribiste en el papel, tanto las cosas buenas como las cosas malas que tus padres hicieron contigo.

3. En otro papel aparte, escribe las cosas buenas que tú estás haciendo con tus hijos y, en otra, las cosas que tú sabes que no estás haciendo bien.

Ahora quiero que compares una hoja con la otra. Por ejemplo; la hoja en la que escribiste todas las cosas buenas que hizo tu padre contigo, compárala con la hoja donde anotaste las cosas buenas que tú estás haciendo con tus hijos. Y has lo mismo con las otras dos hojas donde escribiste lo malo.

Ahora, fíjate bien, ve si encuentras alguna similitud en ambas hojas. Quizá te lleves una sorpresa. Ahora quiero invitarte a que si, por casualidad encuentras que en las hojas donde escribiste lo malo hay mucha similitud con lo que tu padre te hizo a ti, y lo que tú estás haciendo ahora a tus hijos, quiero que por un instante recuerdes esos momentos cuando eras tú a quien estaban tratando de esa manera y deseabas que no te trataran así.

En otras palabras, te estoy invitando a que por un momento pienses como hijo y te preguntes ¿si yo fuera el hijo y me trataran como yo trato a mis hijos, estaría conforme?

Mi mayor anhelo es que de aquí en adelante nos esforcemos por no tratar a nuestros hijos como no nos gustó que nos trataran a nosotros.

La clave para esto sin duda está siempre en preguntarte, después de haber reprendido a tus hijos, si esa manera en la que les hablaste es la manera en la que quieres que ellos te hablen a ti.

Recuerda que Jesús dijo en Mateo 7:12 que hagas con otros lo que quieras que hagan contigo. O de lo contrario, no hagas a otros lo que no quieres que te hagan a ti.

Acuérdate siempre de qué era lo que más te molestaba a ti de la actitud de tu padre, en su trato contigo. No sea que tú quien esté repitiendo con tus hijos. Reconoce que si a ti no te gustó esa actitud lo más seguro es de que a ellos tampoco.

Recuerda que ya Dios te ha hecho libre, ya no tienes por qué volver otra vez a esa vieja manera de vivir en la cual éramos esclavos del pecado. Dios te ha dado una nueva oportunidad de vivir bien con tus hijos y tu esposa, no vuelvas otra vez al yugo de esclavitud. Ahora eres libre.

«Para libertad fue que Cristo nos hizo libres; por tanto, permaneced firmes, y no os sometáis otra vez al yugo de esclavitud.» (Gálatas 5:1) LBLA.

Como ya lo dije en el primer capítulo, yo sé que muchos de nuestros padres cometieron cantidad de abusos con nosotros por causa de la ignorancia que había en ellos. Y a causa de esa ignorancia, muchos de ellos eran esclavos de diversas ataduras que los hacían actuar de esa manera, por su manera errada de vivir en un mundo de pecado alejados de Dios.

Algunos fueron esclavos del maldito machismo, el cual hasta el día de hoy aún sigue vigente en nuestra cultura y todavía continua cobrando víctimas fatales. Otros eran esclavos del vicio del alcohol, drogas, y otros mujeriegos, y otras cosas que los tenían atados al pecado. Todos, de una forma u otra, eran esclavos del pecado y servidores del diablo, el amo y señor de todos los malos hábitos. Él es quien se encarga de cegar el entendimiento de todas las personas, para que no les resplandezca la luz del evangelio de cristo Jesús. **«En los cuales el dios de este siglo cegó el entendimiento de los incrédulos, para que no les resplandezca la luz del evangelio de la gloria de Cristo, el cual es la imagen de Dios.»** (2 Corintios 4:4) RV.

Es mi deseo que a estas alturas tú ya hayas entregado tu vida a Jesús, para que seas libre de las garras del diablo y de toda atadura que produce el pecado, para que Él cambie totalmente tu vida. Pero, si por alguna razón aun no lo has hecho, permitiéndole a Él romper toda cadena y atadura de malos hábitos del diablo, quiero invitarte para que lo recibas hoy mismo en tu corazón, como el Señor y salvador de tu vida.

Debes hacerlo confesando con tu boca que Jesús es el señor, creyendo que Dios le levantó de los muertos y que ahora está sentado a la diestra del Padre. ¿Por qué tienes que hacer esto? Porque Jesús mismo dijo que era el único camino para salir de la ignorancia en la que vivieron nuestros padres durante muchos años. Jesús le dijo: «**Yo soy el camino, y la verdad, y la vida; nadie viene al Padre, sino por mí.**» (Juan 14:6) RV.

Jesús nos está diciendo que él es el camino que todos debemos de seguir, si es que anhelas vivir en la verdad. Él es el único camino que nos lleva directo al padre. Pero es Él también el único que nos conduce a vivir una vida plena y digna aquí en la tierra.

Porque una vida sin Jesús no se le puede llamar vida, porque una vida sin Jesús es una vida sin sabor, llena de incertidumbres. ¡Jesús vino y quiere llegar a tu vida y a tu hogar para ponerle sabor!

Jesús le pone sabor a tu vida, para que ya no sea una vida desabrida sin sabor. Dios desea que tú puedas brindarle a tu familia un hogar bien sazonado con buena sal. Es Jesús quien pone ese sabor y esa sazón en nosotros. «**Vosotros sois la sal de la tierra; pero si la sal se desvaneciere, ¿con qué será salada? No sirve más para nada, sino para ser echada fuera y hollada por los hombres.**» (Mateo 5:13) RV.

Tú y yo somos ahora los encargados de darle a este mundo un poco de sabor para que no esté tan insípido. Tú tienes la tarea de poner sabor en la vida de tus hijos y de tu esposa, de esa manera tus hijos tendrán sabor en sus vidas y podrán sazonar otras vidas. Esto es asombroso. Lo que Jesús puede hacer en nuestras vidas si nosotros se lo permitimos.

Dios quiere poner sabor a este mundo donde solo se ve la enfermedad, la maldad, la angustia y desesperación, el, abuso y la soledad. Ante todo este caos Job se pregunta, «**¿Se podrá comer lo desabrido sin sal? ¿Habrá gusto en la clara del huevo?**» (Job 6:6) RV. Hay que romper de una buena vez con los viejos moldes. Piensa que si no hay un buen sabor en esa vida que estás viviendo no tiene caso que continúes así. Ríndete hoy a Jesús, dale a Él la oportunidad de cambiar tu vida de sufrimiento, tristeza y dolor por una vida nueva. ¡Jesús tiene la sazón que tu vida necesita!

Nadie quiere comerse algo que no tiene sabor, no continúes con tu vida desabrida. Permítele a Jesús restaurar tu hogar y poner un buen sazón a tu matrimonio… a tu liderazgo.

Aquí te anoto los pasos para que entregues tu vida a Jesús:

Primero, tienes que reconocer que eres pecador y que necesitas el perdón de Dios

«**Por cuanto todos pecaron, y están destituidos de la gloria de Dios.**» (Romanos 3:23) RV.

Segundo, invítalo a entrar a tu corazón y permítele que Él sea tu salvador.

«He aquí, yo estoy a la puerta y llamo; si alguno oye mi voz y abre la puerta, entraré a él, y cenaré con él, y él conmigo.» (Apocalipsis 3:20) RV.

Tercero, confiésalo con tu boca. Nunca te avergüences de decir que fue Él, Jesús, quien logró ponerle sabor a tu vida.

Por último, solo deseo recordarte y animarte para que sigas leyendo la Biblia y nunca dejes de leerla. «**Escudriñad las Escrituras; porque a vosotros os parece que en ellas tenéis la vida eterna; y ellas son las que dan testimonio de mí.**» (Juan 5:39) RV.

«**Nunca se apartará de tu boca este libro de la ley, sino que de día y de noche meditarás en él, para que guardes y hagas conforme a todo lo que en él está escrito; porque entonces harás prosperar tu camino, y todo te saldrá bien. Mira que te mando que te esfuerces y seas valiente; no temas ni desmayes, porque Jehová tu Dios estará contigo en dondequiera que vayas.**» (Josué 1:8-9) RV.

Si tomas bien este consejo de la palabra de Dios y lo pones en práctica, siempre serás un hombre de éxito. Esto significa que serás un triunfador en todo lo que emprendas. Tú casa, tu negocio, tu vida, tu ministerio, etc. Serás un padre de éxito, un esposo de éxito, un hombre de negocios exitoso y tendrás una vida de éxito.

Por qué el éxito de todo hombre consiste en guardar las leyes y preceptos de Dios. Todo éxito, logro o triunfo que tú puedas conseguir, siempre llevara la firma de «Jesús» Y no existe mayor éxito en la vida que ver a nuestra familia realizada, feliz y orgullosa del padre que tienen. No son los bienes y los lujos los que determinan el éxito de un hombre, si no un hogar estable y feliz.

Por eso quiero felicitarte por el logro más importante que puedas conseguir en esta vida.

Esto es, la satisfacción de sentirte realizado dentro de la empresa más importante de un hombre: ¡Tú casa!

Recuerda que un hogar sin esposa, dije esposa, no amante o querida o novia, no se puede llamar hogar. Existe una gran diferencia entre esa clase de hogar y el hogar que se compone de tu verdadera esposa y tus verdaderos hijos y la armonía precedida por la paz y presencia de Dios.

¡En un hogar donde está Dios hay un hombre de éxito!

¡En un hogar donde está Dios viven una mujer y unos hijos contentos!

¡En un hogar donde está Dios no falta nada!

No te olvides de incluir a Dios en el tuyo.

¡Felicidades!

Capítulo 8

Punto final

Punto final

Ya he hablado sobre todos los abusos que se cometen en los hogares por padres que por una u otra razón no cumplen bien con la tarea de amar y proteger a su cónyuge e hijos. Pero en este punto final deseo que sepas que así como hay abusadores y gente que maltrata a su propia familia, también hay gente buena que son muy buenos padres, esposos y buenos hijos.

Tengo el gran privilegio de conocer a una gran cantidad de ellos que viven muy bien en compañía de sus familias.

Cada uno de ellos ha sido y son una gran inspiración para mi vida. Algunos son muy buenos amigos míos y otros son miembros y parte de mi familia. Como lo son mis hermanos y hermanas en carne. Quienes viven muy bien cada uno de ellos en su hogar. Cada uno de ellos está felizmente casado y son unos padres ejemplares.

También mi hijo mayor, quien vive felizmente casado y quien es un buen esposo y un muy buen padre de mí amado nietecito Natán. Me siento muy orgulloso y feliz de ti. Sé que tu gran empatía y sencillez de corazón se debe al ejemplo que has visto en casa y se también que todo eso lo estás enseñando a tu hijo.

Son muchos los matrimonios felices que he tenido el gusto y la bendición de conocer. Por eso dedico este último capítulo para que tú, que piensas que esto no es posible, puedas de una buena vez entender que si se puede, que lo único que necesitas es disponer tu corazón para que esto se lleve a cabo. Es verdad que un hogar feliz no es fácil, pero si es posible.

Cada uno de los casos que aquí estaré presentando es con el propósito de motivarte a que sigas cada día comprometido con la tarea de convertirte en un buen padre y esposo(a). Es mi deseo que cada una de estas historias encienda en ti ese fuego de poder lograr un éxito total en tu tarea de liderazgo en tu hogar.

Comencemos de una buena vez hablando de hombres y mujeres que han dado todo por su familia. Son gente que no se rindieron ante los conflictos de la vida. Son gente que no fueron egoístas pensando en sí mismos, si no que sacrificaron muchas cosas para poder permanecer y levantar a una familia estable y unida.

Un buen hijo

Un buen hijo

Tuve la oportunidad de conocer a unos ancianitos que eran muy simpáticos y de muy buen corazón. Ellos eran miembros de la iglesia donde mi Papá asistía, y ahí fue donde llegamos cuando nos vinimos de México.

Lo que más me impacto y tocó mi vida de estos ancianitos fue el trato que tenían ellos con sus hijos y nietos. Ellos tenían dos hijos ya casados, una hija y un hijo. De verdad me conmovió mucho la forma en que se trataba el padre con el hijo. Quienes compartían muchos tiempos juntos, adonde quiera se les veía juntos al joven con su padre. Inclusive me enteré de que el joven, quien terminó sus estudios universitarios y sacó una prominente carrera, dejó su trabajo para trabajar al lado de su padre, quien trabajaba dando mantenimiento al panteón de la ciudad donde vivían. De esa manera, el joven pasaba la mayor parte de su tiempo con su padre. Créanme que eso tocó mi vida en una forma muy especial. Porque en una ocasión escuché a un predicador que estaba predicando acerca de la familia y lo que él estaba compartiendo, la verdad, no me gustó por la razón de que estaba poniendo en mal a los hijos.

Él decía que los hijos eran mal agradecidos, desobligados, y convenencieros. Que no más cumpliendo su mayoría de edad se salían de casa y nunca más se volvían a acordar de los padres. Cuando yo lo escuché predicar esto, no me pude contener y al terminar su sermón lo confronté y le di mi opinión respecto a su prédica. Le dije que no estaba de acuerdo con lo que él acababa de decir, porque yo conocía a muchos hijos que son muy buenos con sus padres, inclusive, «yo personalmente soy hijo también y no soy lo que usted acaba de decir.» Es verdad que hay hijos mal agradecidos y desobligados e ingratos con sus padres pero yo creo que todo tiene un por qué. Es más, yo creo que todo lo que el hombre siembra, eso cosecha. Al menos, eso es lo que dice la escritura: «**No os engañéis; Dios no puede ser burlado: pues todo lo que el hombre sembrare, eso también segará.**» (Gálatas 6:7) RV.

La verdad es que este ejemplo de esta familia de ancianitos y su hijo me da la razón de lo que le dije a este predicador, que se expresaba muy mal de los hijos y esto no es algo que alguien me contó, yo mismo lo vi con mis propios ojos, yo los conocí personalmente. Ahora, la historia no termina ahí. Este joven siguió trabajando al lado de su padre por mucho tiempo, hasta que su padre ya no pudo trabajar por su edad. El joven siguió atendiéndolos, visitando la casa de sus ancianos padres, cortándoles la yarda y viendo que nada les faltara.

Poco tiempo después, su madre, una mujer ya anciana, enfermó y murió dejando a su padre solo en la casa. El joven se preocupó de que su padre estuviera solo y que no tuviera a nadie quien lo cuidara y viera por él. Y tomó una decisión que le dolió mucho, pero que no le quedó más que hacerlo. Llevó a su padre al asilo de ancianos de la ciudad, pero este joven me seguiría sorprendiendo con su actitud, porque demostró una vez más su buen corazón y el gran amor que le tenía a su padre, porque todos los días sin falta iba al asilo, después del trabajo y sacaba a su padre para llevarlo a la iglesia y a pasear por la ciudad.

Recuerdo que en una ocasión me dijo que los demás ancianitos, con los cuales convivía en el asilo, le comentaron al padre del muchacho que qué buen hijo tenía y que cuánto amor le demostraba y el padre les pregunto ¿por qué dicen eso? Y los ancianitos le respondieron: porque hemos observado de que todos los días sin falta él está aquí para visitarte y te saca a pasear, y conversa contigo como si tuvieran mucho tiempo sin verse, siendo de que todos los días se ven. Sin embargo, nuestros hijos y nuestra familia, desde que nos pusieron aquí, casi no vienen y cuando vienen lo hacen por un período muy breve y casi no platican nada. Y no nos sacan a pasear como a ti. Se ve que ese muchacho te ama demasiado!

El padre del joven se sonrió orgulloso de lo que escuchaba y les comenzó a contar cómo ellos dos habían convivido y aun sobre cómo habían trabajado juntos, por tanto tiempo.

¿Saben? Es verdad que así como hay malos padres también hay malos hijos. Pero cómo pudiste darte cuenta en esta historia, todos podemos ser buenos padres o buenos hijos. La decisión es personal, de cada uno de nosotros. ¡Todos podemos ser buenos o malos! Lo que no debemos es generalizar y decir como este predicador que todos los hijos son iguales.

No, yo no creo en que todos los hijos son iguales, como tampoco es verdad que todos los padres son iguales… ni todos los hombres, ni todas las mujeres. Cada individuo es único y cada quien toma sus propias decisiones, nunca caigas en el error de juzgar a todos por igual, porque inclusive en una misma familia no todos los hijos son iguales.

Cuán importante es poder sembrar una buena actitud en el corazón de nuestros hijos. Este anciano de la historia solo estaba cosechando lo que había sembrado cuando su hijo era niño. Él se preocupó por sembrar una muy buena amistad con su hijo. Y después, con el paso del tiempo, se pudo ver el resultado de esa buena amistad.

Puedo imaginarme el enorme placer que sentía cuando sus compañeros en el asilo le comentaban del gran amor que su hijo le demostraba.

¡Cuán orgulloso se veía este padre, quien alcanzó a cosechar el fruto de su trabajo en el hogar!

No puede haber mayor gozo para un padre que este, que al final de sus días sus hijos puedan estar agradecidos con el desempeño de su trabajo. ¿No lo crees?

Construyendo hogares felices

Construyendo hogares felices

Son ya casi 20 años en los cuales he trabajado con diferentes familias en este ministerio que he titulado «construyendo hogares felices», a través del cual estoy impartiendo conferencias matrimoniales en seminarios, conferencias y la radio. Por esta razón, he tenido la oportunidad de conocer varios casos de familias que son y siguen siendo un muy buen ejemplo en el área del matrimonio y el trato con los hijos.

Quiero decirles que por nada del mundo cambiaría lo que ahora hago. Amo mi trabajo en «construyendo hogares felices». Me gozo cuando veo los matrimonios que están pasando por alguna dificultad vencer y triunfar sobre la adversidad y ser transformados por el poder de la palabra. Me gusta mucho ayudar a los matrimonios, para que puedan triunfar en cada una de las situaciones que enfrentan. Porque en cada uno de ellos que Dios me permite ayudar hay un niño menos que va a padecer abuso o malos tratos, cada matrimonio que ayudo es un matrimonio menos que no terminará en tragedia, es un padre menos que no abusará de sus hijos, es un esposo menos que no abusara de su esposa y es un hogar más que vivirá feliz.

¡De verdad que no podría tener un mejor trabajo que este!

Fue a través de «construyendo hogares felices» que conocí a esta familia de la cual te voy a platicar. Se trata de dos jóvenes pastores que me contactaron para que les ayudara, ya que su situación estaba al borde del fracaso. Eso fue lo que ellos expresaron cuando vinieron a mí. La situación era demasiado tensa, ya que cuando llegaron a hablar conmigo, ya ellos habían pasado por muchas cosas muy dolorosas. Por ejemplo, el pastor había sido muy abusador con su esposa e incluso le había sido infiel a la esposa y él había sido un hombre que tomaba mucho licor. Por supuesto, todo esto ocurrió antes de ellos convertirse a Cristo. Ahora la cuestión que los había llevado hasta mi era que la esposa le había contado al pastor (su esposo), que alguien en el trabajo la acosaba mucho e inclusive le había escrito algunas cartas amorosas y él ahora se encontraba celoso, furioso y no sabía qué hacer, incluso él llevaba las cartas en la mano que la misma esposa le había proporcionado.

Bueno, les contaré un poco del proceso, aunque no todo por no aburrirlos y llegar pronto a lo que deseo exponer con esta historia.

Lo primero que hice después de escucharlos hablar fue pedirles que se calmaran un poco y que me escucharan hablar un poco a mí. Comencé recordándole al pastor que él también, en otro tiempo, ya le había fallado a la esposa y la manera en la que él la había tratado antes y de cómo ella lo había perdonado a él, en ese entonces. Le recordé cómo él, en ese entonces, había suplicado por una segunda oportunidad y ella se la había dado. Le dije que ahora quien necesitaba ser comprendida y apoyada era ella, empezando por escucharla atentamente. Le dije que aún no la había escuchado bien.

Porque para empezar, ella no le había fallado aun. Al contrario, ella había hecho lo correcto.

Cuando le dije esto el pastor abrió los ojos más de lo normal y me interrumpió.

-¿Que está diciendo?

- Lo que oíste - respondí. Ella hizo bien en decirte lo que estaba pasando. ¿No te das cuenta de que si ella te lo contó es porque a ella no le interesa esa otra persona?

Continué diciéndole que el hecho de que ella se lo hubiera dicho y de que le hubiera mostrado las cartas no la hacía una pecadora e infiel. Al contrario, hablaba muy bien de ella, de la clase de mujer que tenía por esposa.

-Ahora yo te quiero decir –continué- que si ella no te hubiera dicho nada y por temor a la reacción que ahora has tenido, ella no te lo hubiera confesado y se callara, ahorita creo que la historia sería totalmente diferente. Creo que aquel individuo que la estaba acosando terminaría tarde que temprano por convencerla. ¡Abre los ojos! Deja a un lado tu orgullo y reconoce que tu mujer hizo lo correcto. - Cuando le dije todo esto el, pastor comenzó a llorar, agachó la cabeza y comenzó a hablar.

-Creo que tiene razón. Los celos me habían cegado y no lo había visto así.

Ahí mismo le pidió perdón a su esposa. Se reconciliaron, se olvidaron de los planes que traían y ahora son una de las parejas más felices que conozco hasta el día de hoy. Se aman, se respetan, se cuentan todo, ya no guardan secretos, aprendieron muy bien la lección. A demás, tienen una muy buena comunión con sus tres hijos, dos niños y una jovencita quien es la adoración de su padre.

¿Quieres saber la razón por la que te conté esta historia? Bueno para que te des cuenta de que si podemos hacer cambios en nuestra actitud y lograr nuestro objetivo de vivir bien como matrimonio feliz y unido. Y el poder tener una muy buena relación con sus hijos.

Este pastor, quien por cierto terminó siendo uno de mis mejores amigos, mantiene una muy buena conexión con sus hijos. Ellos siempre están pendientes de lo que sus hijos necesitan.

De verdad, que ellos son un gran ejemplo de que si podemos hacer cambios para bien y dejar todo un pasado de abuso, licor, infidelidad, y malos recuerdos y vivir como si nada de eso hubiera pasado.

**«Él es el que perdona todas tus iniquidades, el que sana todas tus enfermedades; el que rescata de la fosa tu vida, el que te corona de bondad y compasión; el que colma de bienes tus años,
Para que tu juventud se renueve como el** águila.» (Salmo 103:3-5) LBLA.

¿Sabes por qué? Porque todo lo que Dios hace lo hace perfecto. Si tú te dispones, Dios hace la obra en ti y en tu esposa y tus hijos. Dios es especialista en reparar todo aquello que se había echado a perder. Tú estima, tu vida, tu matrimonio, tu negocio, tu relación personal...

¡Somos una obra en reparación!

¡Vale la pena ponernos en sus manos!

Mi nuevo papá

Mi nuevo Papá

En Los capítulos anteriores les hable de cómo era mi padre en su vida, antes de recibir a Jesús como su salvador personal.

Como pudieron observar, mi padre fue en muchas maneras un padre desobligado y un esposo abusivo. Pero como ya lo dije, eso fue antes, cuando él vivía la vida a su manera, sin ninguna dirección o guía de nadie. Él vivía su vida como el la entendía. Pero ahora, por la gracia de Dios, me complace decirles que mi padre es una nueva criatura, las cosas viejas que él antes hacía ya quedaron atrás. Él es otra persona total mente nueva, diferente en su manera de hablar, de actuar y de comportarse.

¡Dios hizo una obra maravillosa en su vida!

Además, su matrimonio con mi madre pudo sobrevivir todos los embates del enemigo quien utilizaba a mi padre, vestido del viejo hombre, para lastimar a su propia familia. Pero, a pesar de todo lo que pasó, mi padre pudo conservar su familia y comenzar de nuevo después de cinco largos años que fueron los que mi padre estuvo fuera de casa y en los cuales no supimos nada de él hasta después de ese largo tiempo.

Es verdad de que no fue fácil el proceso de recuperar lo que ya se daba por perdido, pero para Dios no hay imposible. No importa lo que el enemigo haya hecho o esté haciendo. Clama a Dios ahora mismo y pídele que te ayude a recuperar aquello que el enemigo te ha querido robar y destruir. En Jeremías 32:26 y 27 Dios le pregunta a Jeremías: «Oye, yo soy Dios de toda carne ¿habrá algo que sea difícil para mí?» Dios es fiel, él rescató a mi padre de esa manera vana de vivir, rompió las cadenas que lo ataban, le dio libertad y rescató su familia del abuso y la desesperación.

Mi padre y mi madre viven juntos en un feliz matrimonio, demostrando una vez más que si se puede volver a comenzar una vida nueva dentro del matrimonio. No importa cuántos problemas tengas ahora en tu hogar, ponlos en las manos de Dios. Él te contestará en una forma sorprendente y transformadora. Mi padre nunca más volvió a ser el hombre machista que exigía las cosas a su manera egoísta. Nunca más lo volvimos a ver amenazando a mi madre o golpeándola, ni llegando borracho asustando a nadie. ¡Su cambio fue total!

Ahora es un siervo de Dios que trabaja en la obra del Señor. Debo de decir que es un respaldo muy fuerte para mí en la iglesia que yo pastoreo, él me ayuda con el Ministerio de varones y es muy activo en todo lo que hace. Para mí es un gran honor y privilegio ver a mi padre sirviendo en la obra del Señor.

Es verdaderamente hermoso observar a mi padre dando su vida en servicio a los demás y tenerlo como un brazo fuerte en la iglesia, juntamente con mi madre quien también es un miembro fiel y un pilar fuerte dentro de la iglesia Jehová Shammah.

Ellos se sienten orgullosos de ser los padres del pastor, yo me siento muy privilegiado de poder ver a mi madre sentirse orgullosa y feliz de ver a su hijo sirviendo a Dios, y me siento muy orgulloso de ellos, por su gran ejemplo de fidelidad, amor, y perseverancia.

Pero, lo que más gozo me da es ver cómo Dios ha hecho la transformación en mi padre, al cual ahora puedo saludar con un beso en la mejilla. No sé si recuerdan lo que mi padre pensaba de eso. Ese simple acto de poder saludarlo a él, así, es una prueba más de que la transformación fue total. Porque yo no pude hacer eso cuando era niño. Y ahora ya de grandes, y los dos bigotones, podemos abrazarnos y besarnos sin ningún prejuicio. ¡Dios es bueno!

¡Cuánta diferencia hay en la vida de mi padre ahora!

No se puede comparar la vida que ahora vive con la vida de atrás.

Vale la pena poner nuestra vida y matrimonio en las manos de Dios.

Dios siempre responde cuando acudimos a él, por ayuda.

Mi padre antes era un ogro, ahora es un siervo de Dios y vive su vida para agradarle a él y para su familia, disfruta a cada uno de los nietos que Dios le ha concedido, juega con ellos y les dedica todo el tiempo necesario y a él no le importa hacer el ridículo, con tal de tenerlos contentos y felices. Ahora yo puedo decir que mis hijos no pudieron tener otro abuelo mejor y, por supuesto, todos sus nietos lo aprecian mucho.

Es un orgullo para mí el comentarles que Dios me devolvió a un nuevo papa, uno totalmente diferente y transformado. Dios me devolvió «un nuevo papá».

Ahora solo me queda agradecerle a Dios por todo lo que Él me ha dado.

Porque para mí lo más hermoso y lo más valioso que pudo haberme dado es la dicha de volver a ver a mis padres juntos y sirviéndole a Él.

Gracias Dios, por todo tu amor, cuidado, respaldo y familia.

¡Te amo, mi buen salvador!

Conclusión

Conclusión

Pudiera seguir contándoles de muchos otros matrimonios que conozco y en los cuales tuve el privilegio de verlos salir adelante y superarse. Pero, solo hablare de mi matrimonio y de cómo Dios nos ha ayudado. Ya son 24 años de vivir juntos, muy pronto estaremos celebrando nuestro aniversario de bodas número 25, al cual se le conoce como bodas de plata.

Mi esposa se siente muy emocionada y desea que esa fecha llegue pronto. Ella ya comenzó a hacer sus planes, ya tiene su lista de invitados y su vestido de novia. Cada día que pasa ella sigue haciendo los preparativos y asegurándose de que todo saldrá bien. Tal vez usted se estará preguntando y usted ¿no hace nada? ¿No se emociona? La verdad, mis queridos amigos, es que yo me siento tan feliz con esta mujer que me ha acompañado durante 24 años y que ha vivido con migo tantas cosas, buenas y malas, tristes y alegres... Y que después de todo eso quiera volver a casarse con migo es verdaderamente especial para mí.

Me siento privilegiado de tenerla a ella como mi esposa y compañera fiel. Dios no pudo haberme dado una mejor esposa y ayuda idónea.

Es verdad que en nuestro matrimonio tuvimos tiempos muy difíciles, que nos estremecieron, pero gracias a Dios que en cada uno de esos momentos Dios nos dio la sabiduría y fortaleza para poder superarlos y demostrarnos a cada uno de nosotros que Dios nos hizo el uno para el otro.

Si yo les dijera que nunca tuvimos problemas les mentiría, porque si tuvimos muchos y aun los tenemos. Lo que quiero decir es que a pesar de todo lo que pasamos, podemos dar testimonio de que somos un matrimonio que tiene la dicha de vivir feliz mente casados.

Hago hincapié en «felizmente casados» porque son muchos los que piensan que no hay matrimonio feliz, con lo cual yo no estoy de acuerdo. Yo creo que no hay matrimonio perfecto, eso sí. El matrimonio perfecto no existe, pero el matrimonio feliz sí.

Yo no tengo un matrimonio perfecto, pero tengo la dicha de tener un matrimonio muy feliz.

Vivo con mi esposa y mis hijos, un muy buen matrimonio en el cual puedo decir que Dios me ha bendecido con una buena esposa y unos buenos hijos, con los cuales convivimos y pasamos los mejores momentos. Con esto no estoy diciendo que soy el hombre perfecto, porque en realidad tengo muchos defectos y no creo ser mejor que tú. Lo que estoy diciendo es que, gracias a Dios, Él me ha permitido cumplir con una promesa que me hice a mí mismo cuando yo era niño y veía todo lo que pasaba en mi casa. Esa promesa fue la de que lo que yo vi en mi padre (los errores que cometió mi padre), mis hijos nunca lo verían en mí.

Me alegra decir y compartir con ustedes que no soy un padre perfecto, pero hasta el día de hoy ninguno de mis hijos puede decir que me vio abusando de su madre o de alguno de ellos.

Yo creo que todo se puede lograr con un poco de voluntad y disposición. Yo creo que si tú te comprometes a dar lo mejor de ti, tú lo lograras.

Decídete a impactar la vida de tus hijos para bien. Ahora tengo la dicha de ser abuelo de dos hermoso nietos, la niña se llama Génesis y el varoncito se llama Natán. Ellos le han brindado un nuevo brillo a nuestro hogar, agregándole un poco más de chispa a nuestra relación. Con sus sonrisas y travesuras, ellos nos brindan una felicidad aun mayor, que no se puede comparar con nada en el mundo.

También, a estas alturas, ya sé lo que se siente perder a uno de mis nietecitos, pues hace ya poco más de un año, en el día de navidad del 2012, el día 25 de diciembre, Exavier Ramírez, mi primer nieto, partió con el Señor en una manera muy extraña en la cual no pudimos hacer nada, sólo darle a Dios las gracias por el tiempo que nos lo permitió. Exavier solo vivió un año y medio de vida, el día 24 de diciembre, él estuvo en casa para abrir sus regalos y se sintió malito y mi hijo y mi nuera lo llevaron al hospital, donde les dijeron que todo estaba bien, que el niño no tenía nada, que no había por qué alarmarse. Ellos se regresaron a la casa y poco después de nuestra cena de navidad, el niño siguió sintiéndose mal y lo volvieron a llevar al hospital y el doctor les volvió a decir que el niño no tenía absolutamente nada, que se regresaran a la casa, inclusive le dijo a mi nuera que todo era normal, que los niños se enferman, pero que ya luego se les pasa. Ellos se regresaron nuevamente a casa sin que el doctor haya hecho nada.

Esa mañana del 25 de diciembre, Exavier Ramírez amaneció muerto.

No es fácil para mí contarles esto. Lo hago solo para mostrarles que yo sé lo que se siente no solo tener la dicha de tenerlos si no también la de perderlos. Pero aun en medio de todo, le doy la gloria a Dios por darme la oportunidad de haber estado al lado de mi hijo en ese momento tan difícil para él y su esposa. Fue un golpe muy duro y difícil el día en que falleció, por ser para mi primer nieto. Y para mi hijo, su primogénito... y por el hecho de que no fue enfermizo, él era un bebé sano.

¡Fue un proceso muy difícil! ¡Fueron muchas preguntas! ¿Por qué? ¿Cómo? ¿Dónde estaba Dios en ese momento? Eran preguntas que mi hijo me hacía y que aun yo mismo me hacía. Eran preguntas que ni yo mismo podía responder.

¿Saben? Solo quiero concluir que gracias a Dios, mi hijo Ángel, el papa de Exavier, no renegó contra Dios, superó su dolor y él es también un brazo fuerte en la iglesia, sirviendo al Señor con todo su corazón.

Cuento esta historia solo para decirles que en ese proceso pude ver la importancia de ser y de tener una familia unida. Creo que eso fue algo esencial en la pronta recuperación de mi hijo, después de tan dolorosa pérdida. El apoyo incondicional que como familia le brindamos a mi hijo, no solo yo como su padre, sino también sus demás hermanos y familiares.

Nuevamente, vuelvo a decir que una familia unida vale más que mil tesoros... Porque en ese momento yo no pude devolverle a mi hijo, su hijo. Humanamente no pude hacer nada contra algo que solo Dios sabe en su santa voluntad por qué paso. Pero lo que si pude hacer fue estar ahí al lado de él, para soportarlo y ayudarle en todos los trámites y hacerle saber que él no estaba solo en eso. Sé de varios padres que se han separado o que nunca estuvieron presentes en la vida de sus hijos y ahora ya de adultos se dan cuenta de que sus hijos ahora ya son padres también y desean y anhelan poder convivir con ellos y poder disfrutar de sus nietecitos, pero no pueden hacerlo por estar aún distanciados y con problemas aun no resueltos.

¿Saben? Cuando pasa el tiempo y llegan los nietos, nos damos cuenta de que vale la pena pagar el precio de ser un buen esposo y un buen padre. Definitivamente, puedo decir que Dios ha sido en gran manera bueno con nosotros. Por eso solo me resta decir: «Gracias, mi buen Señor, por todo lo que me has concedido, por todo lo que me has negado y por todo lo que me darás aun después de mi estancia aquí en la tierra.»

Te amo con todo mi corazón y deseo seguirte sirviendo por el resto de mis días. Definitivamente, puedo decir con toda sinceridad que soy un hombre muy feliz y contento de poder servir a Dios. Estoy muy contento de poder hacer lo que hago y de poder tener la familia que Dios me ha concedido. Y creo que no tengo temor de sentirme avergonzado de todo lo que mis hijos han visto en mí. Y no temo a la opinión o concepto que ellos tienen de mí. Cada uno de ellos vivió una niñez agradable y feliz, sin traumas de ver a su padre abusando de su madre, o llegando a media noche todo borracho, ni sobajando a su madre por andar con otras mujeres.

Mis hijos pudieron ver que con amor, dedicación y esfuerzo un matrimonio puede salir adelante. Creo que soy el afortunado esposo de una mujer que se siente feliz y orgullosa del hombre que Dios le ha dado. Ella me acompaña a cada conferencia matrimonial y puedo hablar con toda la libertad porque no tengo nada que esconder.

Me siento un hombre realizado y exitoso. Aunque no sea famoso ni tenga mucho dinero.

Me siento así por la única razón de poder tener una familia unida y feliz.

Porque yo no mido el éxito de las personas de acuerdo a cuánto dinero, fama, o posiciones materiales tengan. Para mí, el éxito viene después de conocer a Dios como tu Señor y salvador personal y cuando con su ayuda y sabiduría logras construir un hogar feliz.

Una vez más, les digo que no soy perfecto, pero he trabajado duro para lograr todo esto.

Una familia feliz no es un acto de buena suerte. Es el trabajo mutuo de dos individuos que anhelan una misma cosa. «Un Hogar feliz... Nunca dejes de trabajar».

Lo que mis hijos esperan ver en mí, el concepto que los hijos tienen de sus padres...Creo que ahora ya podemos decir acertadamente que sí nos interesa lo que nuestros hijos piensen de nosotros, sus padres.

Ahora sí sabemos lo impórtate que es la opinión de ellos sobre mi liderazgo en el hogar.

Ya nunca más podremos pasar por alto una cuestión tan importante.

Ahora ya sabes que la opinión de tus hijos cuenta mucho.

Ahora si puedes decir: «ahora ya sé "lo que mis hijos esperan ver en mí."»